# 销售口才训练课

真实还原场景，全面解析医药保健品销售口才误区

朱坤福 ◎ 著

**名师传授技巧**
精准特训提升医药保健品销售业绩

中国财富出版社有限公司

图书在版编目（CIP）数据

销售口才训练课 / 朱坤福著 . —北京：中国财富出版社有限公司， 2021.4
ISBN 978-7-5047-7047-9

Ⅰ . ①销… Ⅱ . ①朱… Ⅲ . ①销售－口才学 Ⅳ . ① F713.3 ② H019

中国版本图书馆 CIP 数据核字 (2021) 第 051610 号

| 策划编辑 | 郑晓雯 | 责任编辑 | 张红燕　郑晓雯 | | |
|---|---|---|---|---|---|
| 责任印制 | 尚立业 | 责任校对 | 卓闪闪 | 责任发行 | 董　倩 |

| 出版发行 | 中国财富出版社有限公司 | | |
|---|---|---|---|
| 社　　址 | 北京市丰台区南四环西路 188 号 5 区 20 楼 | 邮政编码 | 100070 |
| 电　　话 | 010-52227588 转 2098（发行部） | 010-52227588 转 321（总编室） | |
| | 010-52227588 转 100（读者服务部） | 010-52227588 转 305（质检部） | |
| 网　　址 | http://www.cfpress.com.cn | 排　版 | 山东环创传媒有限公司 |
| 经　　销 | 新华书店 | 印　刷 | 三河市三佳印刷装订有限公司 |
| 书　　号 | ISBN 978-7-5047-7047-9/F · 3091 | | |
| 开　　本 | 710mm × 1000mm　1/16 | 版　次 | 2021 年 4 月第 1 版 |
| 印　　张 | 13.75 | 印　次 | 2021 年 4 月第 1 次印刷 |
| 字　　数 | 184 千字 | 定　价 | 59.00 元 |

# 前　言

随着社会的发展，人们生活水平的提高，越来越多的人关心健康和长寿的问题，而影响人们健康长寿的重要因素之一，就是医疗保健的水平和条件。当前，医药和保健品消费已经成为人们的一项重要消费支出，许多享受公费医疗的消费者也拿出一部分钱来购买医药保健品。一些人有个头疼脑热的，有时就买点药对付过去。还有为人父母的，望子成龙、望女成凤心切，他们为自己的孩子购买各种保健品，以此希望能够提高子女的身体素质和学习成绩。因此，医药保健品市场具有强大的消费能力及需求潜力。

现在，"终端为王""得终端者得天下"的理念被越来越多的医药保健品企业认同，医药保健品企业对门店的投入越来越大，负担也越来越重。但高投入未必带来高回报，很多门店一个月下来往往是给商铺业主白白打工。为什么有了好产品、好位置、好装修，销售业绩却不尽如人意呢？因为在市场竞争越来越激烈、市场信息化高度发达的今天，医药保健品企业的产品特色、运营方式、经营策略都很容易被竞争对手模仿，只有销售服务中人的因素——代表公司形象和服务意识的门店销售人员的思想、行动和意识才是不可模仿的！

医药保健品的销售过程，可以说是一个客户关系管理的过程。从客户进店之前的热情招呼，到接近客户的技巧，包括如何积极地向客户介绍医药保健品能给他们带来的好处，如何了解客户心理，如何处理客户异议，如何运用有效的说服工具，如何引导客户购买，如何处理售后事宜……销售人员的语言、行动稍有不妥，就有可能直接导致销售的失败。相反，高超的销售口才，不仅可以帮助销售人员顺利完成销售，而且有利于建立良好的客户关系。

总之，医药保健品销售人员的言行举止不仅代表着企业的态度、形象、声誉，还直接影响着客户的认知和购买决定。而对医药保健品销售人员的培训，目的正是要建立一支竞争对手无法模仿的、能够为客户提供最满意服务的、与众不同的销售团队。有了这样一个团队，就能展示医药保健品企业的良好形象，为客户提供更优质的服务，为企业创造非凡的销售业绩，为实现既定的医药保健品销售目标打下基础。

本书针对医药保健品销售过程中可能遇到的一些问题，进行了现场模拟，以"实战片段"+"话术避雷区"+"行家如是说"+"销冠特训营"四步结合的模式，将医药保健品销售环节中常见的场景一一展现，并根据不同场景提出相应的解决方案，供医药保健品销售人员学习交流，从而帮助他们轻松应对销售过程中出现的各种问题。本书是医疗保健品企业及门店销售人员必备的实战宝典，医药保健品销售人员每天只需花上几分钟学几句销售妙语，相信不久后即可达到妙语连珠、业绩飙升的效果！

朱坤福

2021 年 4 月于朱氏药业集团总部

# 目　录

## 第六章　客户提出的异议越多，越利于交易的促成

## 第七章　主动出击找契机，踢好成交的临门一脚

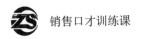

# 第一章

# 讲究迎客的艺术，
# 让客户对你"一见钟情"

医药保健品店的销售人员不必寻找客户，他们依靠广告、诱人的橱窗和柜台设计以及店内的各种产品即可把客户吸引来。从这个意义来讲，销售人员就是主人，客户就是他们要接待的客人。这便要求销售人员抓住每一个可能的机会，主动地与客户打招呼，做到有礼貌和周到，以使客户感到轻松愉快。

#  把客户邀请到店里，销售就已迈出了关键一步

保健品店采购了一批最新上市的保健品，这些保健品整齐地陈列在橱窗中，不少客户驻足在橱窗前看，看起来很有兴趣。

**雷区1**："您还是进店来看一看吧。"

【点拨】这种表达方式显得过于随意，无法打动客户，也难以邀请客户进店。

**雷区2**："这些都是最新上市的保健品，效果很好，还是进店来看一看吧，您一定会喜欢的。"

【点拨】这种说法过于急切，反而会使客户产生一定的戒备心理，也不利于邀请客户进店详谈。

**雷区3**："您还是进店来看看吧，看看又不用花钱。"

【点拨】这种言辞会让客户觉得销售人员对自己不够尊重，由此产生反感心理。

**雷区4**："您在店外怎么能看明白呢？还是来我们店里让我为您详细介绍一下吧。"

【点拨】这种表达方式有质疑客户认知能力的嫌疑，会让客户产生不满情绪。

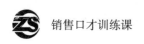

伴随着我国社会经济的快速发展，人们的生活水平日益提升，人们对健康的关注程度越来越高，保健品也因此受到了公众越来越多的关注。客户驻足店外，透过玻璃窗浏览店内产品，说明他们对保健品有一定的兴趣，有进一步了解产品的意愿。

这时候，销售人员要遵循以下步骤：

（1）礼貌地打招呼，设法留住客户；

（2）询问客户需求，巧妙地把客户的内在需求和保健品联系起来；

（3）热情地邀请客户进店，详细了解客户需求并针对保健品的特点进行介绍。

如果能够把客户邀请到店里，那么销售行为就已迈出了关键一步。

## 销冠特训营

### 一流金口才 1

销售人员："太太，您好，您是刚买菜回来吧？您看，这是我们刚刚上架的产品，都是最新款的，有×××功效。外面这么冷，咱们进店暖和暖和吧，我慢慢给您介绍。"

#### ▌▌▌▌攻心策略

通过观察客户的外部特征，亲切自然地和客户交谈。销售人员可以开门见山地介绍保健品的功效，先让客户产生兴趣，然后巧妙地把客户邀请到店里，这样显得既自然，又贴心。

### 一流金口才 2

销售人员："您看中的这款保健品是专门针对××客户研制开发的，能够×××。这是刚刚上市的新款，与其他同类保健品相比，在功效上更胜一筹。外面这么冷，我们先进店吧，到店里我为您详细介绍一下，好吗？"

 **攻心策略**

先通过保健品对应的特定人群，激发其兴趣，然后通过亲切自然的交流赢得客户的好感。通过让客户了解保健品的相关知识，打消客户的顾虑。

### 一流金口才 3

销售人员："阿姨，您看外面天气这么冷，路上人来人往的，隔着橱窗您也看不清楚。我扶您进店看一看吧，好吗？毕竟是关系到我们的身体健康，我们先了解一下保健品的功效再做决定也不迟，您说呢？"

 **攻心策略**

销售人员要站在客户的立场上来考虑问题，迎合客户选购保健品时比较慎重的心理，巧妙地以进店能更加详细了解保健品为由，热情地邀请客户进店详谈。

## 将围在促销牌旁的潜在客户转化为现实客户

药店为了更好地引导社会大众关注身体健康，也为了更好地宣传本店产品，在门外举行了盛大的促销活动。放置在后门外的立体促销品吸引了不少客户，大家围簇在促销品周围，你一言我一语地议论着。

雷区1："大家还是进店看一看吧。"

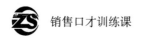
【点拨】这种语言显得过于随意，没有向客户说明进店的理由，因而难以打动客户。

雷区2："大家不要挡着促销牌，想购买的直接跟我说。"

【点拨】这种说法不礼貌，会直接影响客户的购买意愿，甚至引发与客户的矛盾。

雷区3："促销牌上展示的产品咱们店里都有现货，大家还是进店看看吧。"

【点拨】这种表达方式不专业，过于急切地邀请客户进店，反而会让客户产生戒备心理。

医药保健品市场竞争日趋激烈，药店为了提高自身影响力，通过各种促销活动进行广泛宣传。立体促销品一方面吸引了广大客户的注意力，另一方面也逐渐成为影响客户购买行为的重要因素。

围着促销牌议论的客户大致可以分为三类。第一类客户对促销活动感兴趣：产品可买可不买，但有促销活动，觉得很划算。销售人员此时要突出促销优惠，为客户精算价格差异。第二类客户对产品感兴趣：对产品本身有需求。销售人员此时要突出产品的功效和品质，再用促销优惠价格吸引客户。第三类客户是看客：大家都在看，自己也看看，有合适的就购买。销售人员此时要着重强调其他客户都来购买，凸显好评和口碑效应。

总之，销售人员要注意以下几点：

（1）站在客户立场上，重点强调产品促销价格；

（2）详细说明产品的功效，使客户产生购买意愿；

（3）强调产品的良好口碑，坚定客户购买的决心。

针对围簇在促销牌周围议论的客户，销售人员要有针对性地进行推荐，这样才能够将这些潜在客户转化为真正的客户。

## 销冠特训营

### 一流金口才 1

销售人员："大家对这几款保健品有兴趣，这就说明大家对保健品的作用是认可的。如今生活节奏很快，很多人工作和生活压力很大，身体健康越来越受到重视。我们这次的促销产品有五六款呢，大家可以到店里了解一下，有需要咨询或者帮助的，大家可以随时找我。"

#### 攻心策略

站在客户的立场上，从生活实际出发，更容易引起客户的共鸣；巧妙利用客户对店内促销活动的兴趣，吸引客户进店浏览、咨询和选购。

### 一流金口才 2

销售人员："关系到我们的身体健康，可容不得半点儿马虎，因此，购买保健品一定要选购功效可靠的。现在我们店里正在促销的这几款保健品性价比很高，是采用先进工艺从××中提炼出来的。大家可以走近闻闻，能明显地闻到一股××的味道。"

#### 攻心策略

针对那些对保健品有兴趣的客户，销售人员要重点介绍保健品的特点和功效，以此使客户产生购买意愿。

### 一流金口才 3

销售人员："您说得很对，这款保健品就是××是代言人的那款，它是专门针对生活节奏快、工作压力大的上班族研发的，能够×××。我们这次的优惠活动，还为客户准备了试用品，请需要的客户到店里登记一下个人信息，然后到柜台领取。"

#### 攻心策略

巧妙利用明星效应亲切自然地引入话题；把保健品的亮点和功效介

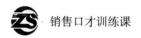
绍给客户，激发客户兴趣；同时利用领取试用品需要登记个人信息获得客户的联系方式，为进一步的营销做准备。

 **找到兴趣点，犹豫不决的客户自然乐意进店**

一位客户站在保健品店的门口，显得犹豫不决，迟迟不进店。

**雷区1**："您还没有决定购买，请不要总在门口转悠。"

**【点拨】** 这种说法极不礼貌，容易引起客户的不满，甚至引发与客户的矛盾。

**雷区2**："请您进店看看吧，在门口什么也看不到啊。"

**【点拨】** 这种沟通方式过于直接，没有向客户说明进店的理由，难以说服客户进店选购。

**雷区3**："您进来看看吧，咱们的保健品非常适合您。"

**【点拨】** 这种说法显得急于求成，在并未了解客户需求的情况下就得出"保健品适合客户"的结论，难以让客户信服。

**雷区4**："您在门口转悠了这么长时间，有这个时间早就选购好了。"

**【点拨】** 这种说法有质疑、讽刺客户的嫌疑，会把客户置于尴尬的境地。

客户在购买行为发生之前，对产品有兴趣，但是也可能存在一定程

度上的质疑或顾虑。客户站在店门口迟迟没有进店的行为正是这种心理的生动体现，具体原因可能是不着急买，也可能是害怕销售人员强制销售，或是有其他原因。

这时候，销售人员要注意以下几点：

（1）打消客户的疑虑，明确告知客户无论买还是不买，都不影响进店看看；

（2）转变思维模式，要把销售转变为巧妙推荐；

（3）充分意识到欲速则不达的道理，先让客户充分了解保健品信息，再寻机推荐，不要急于求成。

销售人员要找到客户的兴趣点和真实需求，这样才能打消客户的顾虑，使客户走进店内。

### 一流金口才1

销售人员："请您到店里详细了解一下我们的产品吧，买不买都没有关系。我看您的年纪跟我的差不多，咱们这个年纪的人平时工作比较忙，生活压力也很大，在工作之余还要照顾家庭。您来店里了解一些保健品的信息，对于您和家人的日常保健都很有好处呢。"

#### ▮▮▮▮攻心策略

先用"买不买都没有关系"这句话来打消客户的疑虑，再用相似经历拉近与客户的距离，赢得客户的信任，这样交流起来就变得顺畅了。

### 一流金口才2

销售人员："请您到我们店里看一看吧，咱们店的口碑非常好，最近又上架了一批大品牌的保健品。如果您在日常保健方面有什么问题，我也可以帮您分析解答。当然，您也可以随便看看，我不会打扰您的。"

▌▌▌攻心策略

用门店口碑激发客户兴趣；给予客户一定的选购空间，不给客户太大的购买压力。

一流金口才3

销售人员："先生，您是在等人吧，外面这么冷，要不进店来暖和暖和？送您一本我们店的身体保健知识手册，对您的日常保健很有益处。"

▌▌▌攻心策略

站在客户的立场上，细致地为客户考虑。以让客户了解健康保健知识为由邀请客户进店，客户自然乐意接受。

 利用宣传单引入话题，使客户注意店内产品

某保健品店正在进行促销活动，销售人员在门店外发放宣传单，一位客户在看过宣传单后走进店内。

**雷区1**："我们的宣传单上有这款保健品的详细介绍，您自己看看吧。"

【点拨】这种沟通方式过于消极，很可能会失去与客户进一步沟通的机会，造成客户流失。

**雷区2**："我们宣传单上的产品性价比都很高，您可以放心购买。"

【点拨】这种语言过于笼统，无法真正打动客户，客户无法深入了解保健品信息。

**雷区3**："您是要购买这款打折的保健品吗？我这就为您详细介绍一下。"

【点拨】这种言辞太直接，客户可能会这样想："你觉得我只能买打折的产品吗？"

**雷区4**："这就是宣传单上的那些保健品，您可以自己看看。"

【点拨】这种表达方式有敷衍客户的嫌疑，客户面对许多保健品时难免会感到无从选择，因此需要销售人员根据客户需求做出有针对性的推荐。

发放宣传单是宣传商品、吸引客户的重要方式。客户在看过宣传单后走进店内，这就充分说明宣传单上的信息激发了客户的兴趣。他们可能认为店里有其需要的产品，或被优惠信息吸引，想进一步了解信息。针对这些情况，销售人员要分别做出反应：针对需求，做出推荐；强调优惠力度，详细地进行专业介绍。

总之，销售人员要注意以下几点：

（1）及时引入话题，获取交流的机会；

（2）及时询问需求，再有针对性地推荐产品；

（3）强调促销价格，使客户觉得机会难得。

客户拿着宣传单走进保健品店，说明客户具备一定的购买意愿。销售人员要把客户的关注点从宣传单转移到店内的保健品上，询问客户的购买需求，然后有针对性地为客户推荐保健品。

**一流金口才1**

销售人员："女士，您好。这份宣传单上简要介绍了我们店里销量最好的几款保健品，您想了解哪一款呢？我这就给您详细介绍。"

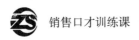
**攻心策略**

巧妙地利用宣传单引入话题，亲切、自然地询问客户有哪些需求。

### 一流金口才 2

销售人员："您可真有眼光，宣传单上的这款保健品主要由×××等精制而成，对于××等症状具有功效。如果您有相关需求，可以试试这款保健品。"

**攻心策略**

销售人员通过介绍保健品的成分吸引客户的注意力，通过强调保健品的功效坚定客户购买的决心。

### 一流金口才 3

销售人员："宣传单上的这款保健品是专门针对××客户研制的，里面含有丰富的××，能够×××，深受广大××客户的青睐。现在，店里正在搞促销活动，凭借宣传单就能够打××折，机会非常难得。如果您一次性购买××盒，就能够享受在打××折的基础上再打××折的优惠，特别划算。"

**攻心策略**

销售人员向客户介绍清楚本店的促销活动及规则，通过促销的价格优势吸引客户购买。

 ## 细致解释处方的重要性，力争客户的理解

一位客户神色慌张地来到药店，着急地对销售人员说道："我想购买一盒××药品。"销售人员微笑着提示客户："女士，

这是一款处方药，您有处方吗？"客户不解地回答："处方？我没有处方啊，孩子病了，急着用呢，您帮帮忙吧。"

**雷区1**："您没有处方，我们不能卖给您处方药。"

【点拨】这种回答过于生硬，直截了当地拒绝客户要求，容易引发不必要的误解和争执。

**雷区2**："您没有处方怎么还过来买处方药呢？您还是先去医院开具处方吧。"

【点拨】这种表达方式直接否定了客户的做法，容易把客户置于尴尬的境地。

**雷区3**："您等一下，我马上拿给您。"

【点拨】这种做法是错误的且极不专业。这实际上认可了客户无处方买处方药的行为，必须杜绝这种行为。

在不少客户看来，药店最大的优势就是买药方便，能够用来救急。药店往往开设在居住区附近，也不用像医院那样挂号、排队、做各种检查。因此，不少人有头疼脑热的小毛病时，往往会选择去药店买药，这就造成一些人在没有处方的情况下也到药店购买处方药。

处方药是必须依据有处方权的医生开具出来的处方才能购买的药品。这种药品的用药方法和时间都有特殊限制，因此必须在医师指导下服用，服用不当会危害身体健康。

在这种情况下，销售人员要注意以下几点：

（1）说明利害关系，争取客户的理解；

（2）耐心解释，引导客户到医院购买；

（3）坚持原则，展现药店的规范性。

当遇到没有处方却要购买处方药的客户时，销售人员要耐心地为客户解释处方的重要性，力争取得客户的理解，赢得客户的信任。

### 一流金口才1

销售人员："抱歉，您购买的是处方药，在没有处方的情况下我们不能卖给您。在没有处方的条件下贸然服用处方药，很有可能产生不良反应，甚至会产生严重后果，危害您的健康。所以，我建议您先到医院让医生开具处方，然后再购买。"

**攻心策略**

要诚恳地向客户表达歉意，并客观地向客户解释没有专业医师的指导就擅自服用处方药可能带来的后果，从而取得客户的理解。

### 一流金口才2

销售人员："身体的事情千万马虎不得。咱们买药吃都是为了使身体恢复健康，贸然服用处方药存在一定的安全隐患，可能引起过敏或者其他不良反应，这会对您的身体造成危害。我想您也不希望发生这种情况吧？"

**攻心策略**

站在客户的立场上为客户着想，向客户耐心解释用药不当可能带来的后果，劝导客户放弃无处方买处方药的行为。

### 一流金口才3

销售人员："无处方买处方药存在一定的安全隐患。我们药店秉着'为每一位顾客负责'的经营理念，严格执行凭处方卖处方药的原则，希望您能理解。"

攻心策略

向客户说明本店一直严格遵守凭处方卖处方药的原则，这样能显示出药店的正规性和专业性。

# 充分尊重客户的隐私，及时关注客户的反应

一位客户来到药店，看到店里人来人往，就一直默不作声地挑选着，一直等到店里大多数客户都离开以后，才犹犹豫豫、轻声地对销售人员说道："我想要××药。"

**雷区1**："原来您要购买××药呀。"（说话声音很大）

**【点拨】**高音量会暴露客户的隐私，可能会使客户不满，这对于促成交易是极为不利的。

**雷区2**："这种药的××功效很好，您用正合适。"

**【点拨】**销售人员要注意言辞，尽量避免直接说出客户觉得比较敏感的词语。另外，要为客户留下必要的选购空间，不要过分主动地为客户推荐药品。

**雷区3**："您是要买××功效的药品吗？请到这边选购吧。"

**【点拨】**直言不讳地说出客户比较隐私的需求，会把客户置于尴尬的境地。

许多客户在选购比较隐私的药品时，不愿意在众目睽睽之下说出来。因此，客户一开始只是随意浏览，直到其他客户离开后才会细看想要的药品。有的客户碍于面子，对销售人员的热情询问总是三缄其口。

销售人员和客户交流时，要注意谈话技巧，及时关注客户的反应，谨言慎行，要注意以下几点：

（1）充分尊重客户的隐私；

（2）注意措辞，尽量避免直接提及客户隐私；

（3）要特别注意与客户交谈时周围的环境和说话声音的大小，尽量用"这个"或者"那个"代替客户认为的比较敏感的字眼。

## 销冠特训营

### 一流金口才1

销售人员："这种类型的药品都集中在这个货架上，每一款都有详细的介绍，您可以自由选购。您选好以后，填一下这张购药卡，然后到收银台结账就可以了。我会为您精心包装好，您可以放心购买。"

**攻心策略**

向客户仔细介绍购买流程，为客户预留出一定的自由选购空间，打消客户的顾虑，使客户放心购买。

### 一流金口才2

销售人员："哦，我明白了。这几款药都是专门治疗您的病症的，您一直在用哪一种品牌的药呢？您可以指给我看，我这就为您取出来。"

**攻心策略**

面对购买特殊药品的客户，销售人员要将客户引至对应的柜台前，低声询问客户以前使用的药品，这既尊重客户隐私，又避免了客户尴尬。

 一流金口才 3

销售人员："这两款药都是××厂家生产的，左边这款更适合您，我建议您选购这款，您认为呢？"

▌▌▌▌ 攻心策略

尽量避免直言药品的功效，避免客户的尴尬。主动为客户推荐适用性更强的那款，使客户感受到销售人员服务的贴心和周到。

## 适当寻求同事的帮助，兼顾其他客户

 实 战 片 段

在药店的营业高峰期，店里人来人往，客户很多。其中一位客户指着一款药品反复询问相关信息，表现出了很大的购买兴趣。

 话 术 避 雷 区

雷区 1："您先随便看看，我去那边招呼一下。"

【点拨】这种顾此失彼的做法会使客户感觉自己没有受到重视，从而失去购买热情。

雷区 2："我刚才不是已经给您介绍过了吗？"

【点拨】这种说法不礼貌，有不耐烦的意思，会让客户感到不满，不利于达成交易。

雷区 3："我们的药品功效这么好，您大可放心购买。"

【点拨】这种言辞具有很强的主观色彩，反而会让客户产生戒备心理。

在药店的营业高峰期，客户指着一款药品反复询问药品信息，这说明客户在药品的选择上持一种谨慎态度；同时也提示销售人员，在接待、招呼多名客户的时候，要重视每一名客户。

这时候，销售人员要注意以下几点。

（1）平等相待：对于进店的每一位客户，都要一视同仁，认真、细致地解答客户的疑问，避免顾此失彼。

（2）分清轻重缓急：要巧妙处理平等相待与轻重缓急的关系，对于有紧急情况的客户要适当予以倾斜。

（3）如果客户人数较多，的确难以招呼到位，可以寻求其他同事的帮助。

**一流金口才1**

销售人员："您选择的这两款药品功效是不同的，这一款是用于××的，另一款是用于××的。您准备购买哪种功效的药品呢？您不妨告诉我您的症状，我好为您有针对性地推荐。您认为呢？"

▌▌▌▌**攻心策略**

面对客户的反复询问，销售人员要耐心解答客户的疑虑；通过二选一式的巧妙提问，提醒客户考虑清楚。

**一流金口才2**

销售人员："这是这款药品的说明书，您可以先看一下，对于您的疑问，说明书上都有专业的解答。非常抱歉，我暂时离开一下，这是我的同事，您有任何疑问可以直接询问。您先慢慢看一下。"（转身交代同事

要耐心地为客户答疑解惑）

 攻心策略

充分利用说明书的作用为客户答疑解惑；及时寻求其他销售人员的帮助；要交代同事详细解答客户疑问，从而使客户感受到被充分尊重。

**一流金口才 3**

销售人员："真是抱歉，今天是店里的店庆日，客户特别多，而且这次我们的价格优惠力度很大。您先浏览一下这款药品的宣传页，上面详细介绍了生产厂商、主要成分和功效。我去给您拿样品来，很快就回来，请您稍等一下。"

 攻心策略

请客户了解药品的基本信息和价格优惠。向客户说明暂时离开的原因，取得客户的理解。巧妙利用时间差适当兼顾一下其他客户，避免顾此失彼。

# 留下联系方式，让电话咨询的客户到店选购

**实 战 片 段**

保健品店内的销售人员正在忙着招呼客户，就在这个时候，电话铃响起来了，原来是一位客户浏览了保健品店的宣传广告后打电话过来咨询某款保健品的具体信息。

**话 术 避 雷 区**

**雷区 1**："您要是有兴趣，就请到店里来吧。"

【点拨】这种说法没有体现出对客户的重视，难以吸引客户到店

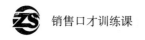
选购。

雷区2："我现在正忙，请您一会儿再打过来吧。"

【点拨】这种答复方式打击了客户想要了解保健品信息的热情，也会使客户质疑门店的服务水平。

雷区3："抱歉，我是新来的，还不熟悉情况。您稍等一下，我帮您问问……先生，您咨询的那款保健品已经卖完了。"

【点拨】要积极回应客户的疑问，反应要迅速，不能吞吞吐吐，否则会使客户觉得门店的服务不够专业。

对于打电话过来咨询的客户，销售人员要认真对待，热情服务。客户打电话咨询，就说明客户对这款保健品有需求，迫切需要了解这款保健品的信息。

这时候，销售人员要注意以下几点：

（1）重点介绍保健品的优势，激发客户兴趣；

（2）适当渲染保健品热销的场景，使客户产生立即购买的意愿；

（3）留下客户的联系方式，争取让客户来店内咨询、购买。

**一流金口才1**

销售人员："您好，我们是××保健品专卖店。有什么可以帮到您的吗?"

▎▎▎▎**攻心策略**

对于销售人员而言，无论是接听电话还是拨打电话，都要在第一时间自报家门，只有这样才能让客户对店铺和销售人员产生比较深刻的印象。

一流金口才2

销售人员："您提到的这款保健品在我们店里销量非常好，不少老客户一次性买了三个疗程的。本周是我们的店庆周，店里正在搞促销活动，建议您抽时间过来看看。"

▍▍▍ 攻心策略

开门见山地向客户介绍保健品的功效，强调保健品的良好口碑，激发客户的购买意愿。然后通过店里的促销活动，激发客户的购买行为。

一流金口才3

销售人员："女士，建议您明天上午抽时间过来一趟。上午店里的客户相对不多，我可以为您详细介绍一下。对了，您怎么称呼？请您留个联系方式吧，这样我们沟通起来更方便些……好的，我叫××，明天上午您按照我给您的地址到店里找我就行了。"

▍▍▍ 攻心策略

尽量在电话中与客户确定好到店选购的时间，并且要注意留下客户的联系方式；记得告诉客户自己的姓名，使客户能够轻易地找到自己，便于进一步为客户提供服务。

 **老年人的购买心理稳定，销售人员要服务细致周到**

一位上了年纪的客户在老伴的搀扶下来到了药店，销售人员赶紧热情地走上前去，询问客户有哪些需要。

**雷区 1**："您还是不要买那款药了，价格很贵，还是选择这款吧，价格更便宜。"

【点拨】注意不要贬低客户的想法，这可能会引起客户的反感。

**雷区 2**："不少客户都反映这款药品疗效很好，您也可以买点儿。"

【点拨】这种说法不具有说服力，难以打动老年客户。

老年人的购买心理具有稳定性，偏好于购买经常服用的药品。对于那些新产品，他们大多心存疑虑，往往不愿轻易尝试。

这时候，销售人员要注意以下几点：

（1）密切关注老年人的心理和情绪转变，多给予老年人赞扬和鼓励；

（2）结合老年人的选购习惯，尽量多为其推荐一些品牌影响力较大、性价比较高的药品；

（3）始终保持热情的服务态度，防止给老年客户留下销售人员在购买前后态度有差别的感觉。

在接待老年客户的时候，销售人员一定要注意服务细致、周到。要站在老年人的立场上，从细节上时刻为老年人着想，密切关注他们在情绪上的微妙变化。

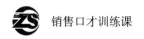

**一流金口才 1**

销售人员："老先生，我们刚刚拖过地，地面比较滑，请您注意安全，我来扶您一把，我们到客户休息区慢慢聊吧！您打算购买什么药品？

我这就给您拿过来。"

**攻心策略**

结合周围实际情况，为老年人及时提供力所能及的帮助，请老年人到休息区慢慢聊，体现服务的热情、贴心。

### 一流金口才 2

销售人员："真是抱歉，您经常选购的那款药暂时没货了，不过您可以尝试一下这一款。这一款与您经常购买的那款药的功效是一样的，同样是知名大品牌，值得信赖。目前，这款药我们店里正在搞促销，比您经常购买的那款便宜呢，您要不要看一看？"

**攻心策略**

结合老年人的购买心理具有稳定性的特点，在向老年客户推荐新产品的时候，一是要注重介绍新产品与老产品在功效上具有一致性；二是要强调新产品的优势，如性价比更高。

### 一流金口才 3

销售人员："女士，请您务必按照说明书按时吃药。您以后有什么疑问可以随时过来咨询。您二位在路上一定要注意安全。"

**攻心策略**

销售人员的服务态度应始终如一，在交易完成以后，也要贴心地提示客户要按时服用产品，然后提醒客户路上注意安全。

 中年客户生活压力较大，在选择上更注重性价比

一位中年客户走进保健品店，主动拿起几款保健品，不停地进

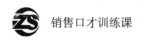 

行对比，销售人员见状赶紧走上前去热情地询问客户需要哪些帮助。

**雷区1**："购买保健品的钱怎么能省呢？身体健康才是第一位的。"

【点拨】这种说话方式过于直接，有强迫客户购买的意味。

**雷区2**："这款保健品价格不高，不会增加您的经济负担。"

【点拨】这种直白的表达方式暗含了客户过于看重产品价格，会把客户置于一种尴尬境地。

**雷区3**："这是国际影星代言的，您可以选择这款。"

【点拨】有时不恰当地运用明星效应，反而会事与愿违。

中年人的生活压力较大，在保健品的选择上更注重性价比，比较偏向于自己比较熟悉的或者是专业人员推荐的产品。与其他客户群体相比，中年客户在选购中会比较理性，对自己的判断力更有自信。

这时候，销售人员要注意以下几点：

（1）结合中年人的购买需求及偏好，有目的地向客户推荐性价比高的产品；

（2）帮助客户进行理性分析，凸显出产品的独特优势；

（3）巧妙地运用家庭因素，把购买压力转变为购买动力。

**一流金口才1**

销售人员："您的眼光可真好。您看中的这款保健品性价比非常高，在客户中口碑很好，有很多人多次购买。咱们这个年龄段的人，家庭负担重，工作压力大，购买这种性价比高的保健品是非常合适的。"

**|||| 攻心策略**

要重点强调产品的性价比，同时以自己作为同龄人的口吻和语气，拉近与客户之间的距离，获得客户的认同。

**一流金口才 2**

销售人员："咱们中年人，上有父母，下有儿女，承担着家庭重担，是家里的顶梁柱，所以我们要更加注重身体健康，您说是吗？您选中的这两款保健品功效相当，但是，其中这一款正在搞促销活动，现在购买更划算。"

**|||| 攻心策略**

动之以情，晓之以理。巧妙地把家庭压力转变为购买动力，帮助客户分析，给予客户自由选择的空间，从而提升客户购买的意愿。

**一流金口才 3**

销售人员："一眼就能看出您是一位成功人士，您平时工作一定很劳累吧？您看中的这两款保健品是专门为儿童研制的，孩子们正处在成长的关键时期，需要补充各种营养，孩子身体健康了，我们家长才能放心啊！"

**|||| 攻心策略**

根据客户的衣着打扮和言谈举止，大致判断客户的身份。利用产品有益家人健康的特点，坚定客户的购买决心。

 **迎合年轻客户特点，利用各种因素刺激其购买**

几位年轻的客户互相攀谈着走进了保健品店，进店后便浏览起

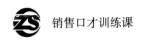
保健品来，销售人员赶紧走上前去，热情地询问客户有哪些需求。

**雷区1：** "您一次性购买那么多保健品会造成浪费，可以少买点儿。"

**【点拨】** 面对这种说法，客户也许会这样想："不让我多买，是不是这款保健品要涨价了？"

**雷区2：** "这款保健品性价比很高，您可以一次性多买点儿。"

**【点拨】** 这种说法显得过于直接，也许会让客户产生不悦。

**雷区3：** "赶紧用我们的这款保健品吧。"

**【点拨】** 如此直白、强烈地推荐保健品是极为不妥的。

年轻客户比较热衷于当下流行的产品，这种求新求变的购物心理会直接影响客户的选择偏好。

这时候，销售人员要注意以下几点：

（1）年轻客户易受外部环境的影响，因此销售人员可以巧妙地渲染产品优势，运用销售量、客户口碑等因素激发客户购买兴趣；

（2）年轻客户有求新心理，敢于尝试新品，销售人员可以推荐较新的产品，强调产品的高效性与使用的普遍性。

**一流金口才1**

销售人员："先生，咱们店里新上了一款药膏，对于改善您目前的症状很好，不少年轻人都在用这款产品，您也可以尝试一下。"

**▊▊▊▊ 攻心策略**

按照客户的症状，有针对性地对年轻客户推荐产品，从而激发客户的购买热情。

**一流金口才 2**

销售人员："现在年轻人工作压力大，喜欢熬夜，却不注意对身体的保养，很多人实际上处在亚健康状态。这款产品可以改善××的症状。如果您身边的朋友曾经服用过这款产品，您可以问一下效果如何。"

**▊▊▊▊ 攻心策略**

注重强调产品的优势，获取客户的信任。

**一流金口才 3**

销售人员："谢谢您对我们产品的信任。产品的保质期限以及用法用量都是有严格规定的，如果您一次购买得比较多容易导致产品过期，造成不必要的浪费。我们的促销活动会持续一个月呢，您吃完了这两盒再来购买更合适。"

**▊▊▊▊ 攻心策略**

贴心提示客户合理购买的重要性，能使客户体会到销售人员服务的细致和真诚。

# 第二章

# 多留客户一会儿，成交的机会就增加几分

客户第一次走进医药保健品店意味着来到了一个完全陌生的环境，这时客户往往警惕性比较高。客户进店之后，销售人员如果能够"稳住"客户，使客户在店内多停留一会儿，成交的机会就会增加几分。

即使客户只是随意浏览，也要热情地为其服务

客户在保健品店里浏览了一番后，便转身准备离开。

**雷区1：**"您不要着急走呀，再随便看看吧。"

**【点拨】**这种表达方式不妥当，没有给客户继续留下来的理由，无法留住客户。

**雷区2：**"您看了这么多保健品，究竟想买哪一款呢？"

**【点拨】**这种沟通方式不专业且不礼貌，有质疑客户的意思，容易引起客户的不满。

**雷区3：**"您慢走，欢迎您下次光临。"

**【点拨】**这种表达方式等于主动放弃了沟通的机会。

**雷区4：**"您不要走呀，咱们店里的保健品是市场上最好的，您再选选吧。"

**【点拨】**这种沟通方式过于强势，而且过于武断，难以赢得客户的信任。

客户在浏览一番后打算离开，可能是基于以下几条原因：人多嘈杂，无心购买；对销售人员的态度不满意；没有满足其需求的保健品。

这时候，销售人员要注意以下几点：

（1）询问需求：主动将客户带到其需要的产品前。

（2）热情服务：要热情地为每一位客户服务，包括潜在客户。

（3）周到贴心：了解客户需求及选择偏好，有针对性地推荐产品。

针对进店后浏览的客户，销售人员要主动引导客户，询问客户的具体需求，然后再进行有针对性的推荐，这样才能够使客户感受到服务的周到贴心，才有可能将客户挽留下来。

### 一流金口才 1

销售人员："小姐，您好，请您留步。我们店刚刚进行了扩建和装修，保健品的摆放也做了很大调整，您是不是没有找到自己想要的保健品？您想买哪方面的保健品呢？我来帮您找。"

#### 攻心策略

运用店面装修、保健品位置调整切入话题，让客户感受到服务的细致；热情询问客户的需求，主动引导客户选购，为客户提供周到的服务。

### 一流金口才 2

销售人员："先生，非常抱歉，我刚才真是太忙了，怠慢您了。我们店里的保健品种类多样，您打算选择哪一款呢？我这就为您介绍。"

#### 攻心策略

真诚地向客户道歉，获取客户的信任，在此基础上询问客户的具体需求，可以实现事半功倍的效果。

### 一流金口才 3

销售人员："我看您刚才在这里浏览了一番，是不是没有找到自己想要的保健品呢？您不妨告诉我您的需求，我想我能帮到您。如果我们店里有您需要的，我马上给您拿来；就算我们店里没有，我也能够向您推荐同类型的保健品，您觉得呢？"

攻心策略

站在客户立场上，设身处地为客户着想，探寻客户的购买需求，然后再告知客户无论店内是否有这款保健品，都可以高效地帮到客户，这样既显示出销售人员服务的周到和专业，又赢得了客户的好感。

## 如果客户点名买某款产品，就不要贸然推荐其他产品

一位客户神色慌张地来到药店，一进门就对销售人员说道："咱们药店有××品牌的感冒药吗？"

**雷区1**："对不起，我们店里没有这款药。"

**【点拨】** 这种回复缺乏主动性。如果药店里确实没有这款药品，可以向客户推荐同类型药品。

**雷区2**："喜欢的话，您可以多备几盒。"

**【点拨】** 药品与食品不同，用法、用量都有一定的限制。

**雷区3**："您还是购买这个品牌的吧！这款药品的功效比您要买的那款好多了。"

**【点拨】** 不要贸然否定客户所认购的品牌，这是对客户的轻视和不尊重。

## 行家如是说

消费者在选购药品时具有很强的自主性。有关研究证实，有超过七成的客户到药店购买药品之前，已经初步了解了药品的品牌。如果客户

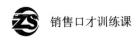 

直接点名要买某款药品，就说明客户对这款药品的疗效比较认可，也可能是客户以前服用过这款药品。

这时候，销售人员要注意以下几点：

（1）询问客户的不适症状，快速为客户取来药品；

（2）贴心地提醒客户服用的剂量；

（3）不要贸然向客户推荐其他药品。

### 一流金口才 1

销售人员："您提到的那款药品是治疗××的。我们店里有口服液、药片和冲剂等服用方式的药品，您打算选哪种呢？我去为您取。"

**攻心策略**

销售人员通过细心询问客户习惯哪种服用方式，既可以确定客户想要选购的药品，又能够让客户感受到药店服务的贴心和细致。

### 一流金口才 2

销售人员："您刚才提到的这个厂家的药品在我们店的销量非常好，很多客户都说疗效很好。我这就为您去取。"

**攻心策略**

当客户点名要购买某一厂家生产的某款药品时，销售人员应直接为客户取来。

### 一流金口才 3

销售人员："您刚才提到的这款药品有两种不同的包装。第一种是小袋包装，一袋有××片；第二种是盒装的，一盒有××片。您打算买哪一种呢？"

**攻心策略**

销售人员向客户介绍药品不同的包装，既方便客户选择，促成购买，又使客户对药店的贴心服务感到满意。

 给予客户自由选购的空间，减轻客户的购买压力

　　客户来到保健品店，认真查看柜架上陈列的保健品。这时，销售人员想要上前提供帮助，但是客户摆着手说道："我打算帮别人买，这次只是先来这里看一下。"

　　**雷区 1**："既然这样，那您改天再跟朋友一起过来看吧。"

　　**【点拨】** 这等于放弃了主动和客户交流沟通的机会，有可能会让客户觉得销售人员是在赶其离开，造成客户流失。

　　**雷区 2**："您难得来一次，怎么能只是看看呢？"

　　**【点拨】** 客户有权决定是否购买，销售人员可以建议客户购买，但不能强迫。

　　**雷区 3**："原来您这次不买呀。"

　　**【点拨】** 这种语言流露出了销售人员的抱怨，易引起客户不满。

　　客户为他人购买保健品，提前来保健品店看看，可能是基于两点原因：一是打探行情，对比一下保健品的性价比，为购买决策提供参考；二是不愿直言自己的需求，害怕销售人员强制自己购买。

　　这时候，销售人员要注意以下几点：

（1）诚恳地为客户介绍保健品的信息，为客户提供合理的建议；

（2）告知客户本店保健品的优势，挖掘客户的兴趣点和需求点，有针对性地推荐；

（3）适当渲染保健品畅销的氛围，激发客户的购买欲。

客户表示自己只是随便看看，这是客户经常用到的回避推销的方法，这类客户往往不愿透露自己的真实需求，这就需要销售人员探明保健品的使用对象是谁，然后通过保健品的卖点和亮点吸引客户的注意力，刺激客户购买。

### 一流金口才 1

销售人员："您的朋友可真幸福。您朋友多大年纪了？跟您年纪相仿吗？这个柜台上的保健品都是针对您这个年纪研发的，您可以先看一下。这些保健品功效差不多，但是还是有细微的差别。如果您看中了某一款，我可以随时为您介绍。"

#### ▌▌▌▌ 攻心策略

首先，赞扬客户，获得客户的好感；其次，通过询问客户朋友的年纪，探寻客户的具体需求；最后，根据客户需求进行有针对性的推荐，并给予客户一定的自由选购空间，减轻客户的购买压力。

### 一流金口才 2

销售人员："您朋友真是太幸福了，您可以看看这款保健品，它的效果不错，包装也非常精美，作为礼物送给亲朋好友再合适不过了！我想您的朋友收到您的礼物一定会非常开心。"

#### ▌▌▌▌ 攻心策略

寒暄式开场使服务更加亲切、自然；销售人员通过客户送礼这一细节进行需求分析，有针对性地为客户推荐功效和包装都好的保健品。

销售人员："送礼当然要送健康！我们店里的保健品种类齐全，而且都是知名品牌。您想要购买哪种功效的保健品呢？我这就为您介绍几款，您可以做一下对比，怎么样？"

**攻心策略**

通过说明本店保健品种类多、品牌知名来达到吸引客户的目的；以热情周到的服务打动客户，为进一步推荐保健品打下基础。

## 客户现在不打算购买，并不意味着将来不会购买

客户来到保健品店，向销售人员询问某款保健品的服用方法以及禁忌等问题，销售人员热情地为客户答疑解惑。最后，销售人员问客户打算买几盒，客户却摇着头说道："我上次刚买过，这次没打算买，就是过来咨询一下。"

**雷区1**："女士，您咨询了这么久，您究竟想买多少呀？"

【点拨】这种语言显得过于急切，含有催促客户购买的意味。

**雷区2**："您不要再犹豫了，如果您购买这款保健品，我可以赠送您一盒养生茶。"

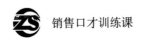
【点拨】这种言语中有强迫客户购买的意思。

雷区3："您不要犹豫了，这款保健品很快就要断货了。"

【点拨】这种说法显得过于急躁，难以打动客户，不利于交易的达成。

客户也许的确是前几天刚刚购买了保健品，这次过来只是想咨询保健品信息；客户也许是想先咨询一下保健品的信息，买不买以后再说。作为销售人员，要充分认识到这一点：客户现在不打算购买，并不意味着客户将来不会购买。

这时候，销售人员要注意以下几点：

（1）介绍要详细，回答要诚恳；

（2）要站在客户的角度考虑问题，尽量用通俗的语言为客户介绍，这样可以给客户留下好印象；

（3）做好本职工作，态度要热情，服务要细致周到。

销售人员要善于从细节处着手，耐心、细致地答复客户的问题，并在这个过程中巧妙地挖掘客户的需求和偏好。

**一流金口才1**

销售人员："女士，您有哪些问题想要咨询？我很高兴为您解答。"

▌▌▌▌ 攻心策略

要使客户明白，不管其是否购买保健品，销售人员都会热情地服务，从而减轻客户的购买压力，也能够使客户对药店留下好印象。

**一流金口才2**

销售人员："女士，原来您有这些疑惑呀，您选购的这款保健品在饮食上和服用上并没有特殊的禁忌，您只需按照说明书上的方法服用就可以了。但是，这款产品需要放在冰箱中冷藏，否则会影响功效，这点您一定要注意。"

攻心策略

在客户询问保健品的服用方法和禁忌的时候，销售人员要热情、详细地回答，此外，要提示客户这款保健品要注意的其他事项，这样会让客户感到贴心。

## 利用引导式的沟通方式，增加闲逛客户购买的可能性

两位客户相互攀谈着走进保健品店，销售人员热情地上前服务，可是客户并没有回应，漫不经心地浏览了一圈以后便转身准备离开。

雷区1："反正您闲着没事，可以过来了解一下我们的保健品。"

【点拨】这种言辞不恰当，会显得客户无所事事的样子，令客户产生不悦感。

雷区2："我最多耽误您两分钟，给您介绍一下这款保健品，您一定会感兴趣。"

【点拨】俗话说，强扭的瓜不甜，这种语言似乎有强迫客户留下的意思，给客户很大的购买压力。

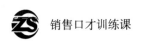 

在保健品店，每天都有不少客户进店浏览保健品，其中会有一些毫无购物目的的闲逛者。这些客户没有明确的购物目的，甚至对自身需求也缺乏清晰的认识，只是随意地浏览，遇到中意的产品就会驻足了解一下；如果没有中意的，就直接转身离开。

这时候，销售人员要注意以下几点：

（1）热情地打招呼，吸引客户的注意力，留住客户；

（2）询问客户想看什么，认真倾听，探求客户的内在需求；

（3）用引导式的沟通方式吸引客户，突出推荐的合理性，激发客户的购买意愿。

## 销冠特训营

### 一流金口才 1

销售人员："女士，请您留步。我们店最新上架了一批保健品，客户反映效果非常好，我带您去看一下吧，您买不买都没有关系，就当是了解一些保健知识，如果您能够为我们的工作提出一些建议，那就真的太好了，太感谢您了。"

**攻心策略**

要用引导式沟通的方式留住客户，随后再用轻松愉悦的交流切入话题，争取能和客户有更深一步的沟通。

### 一流金口才 2

销售人员："女士，您的气色真好。您这次过来想了解哪类保健品呢？您有什么需求不妨告诉我，千万不要客气。"

**攻心策略**

在与客户展开交谈时，可以从客户的衣着、气质等方面切入，赞扬客户，从而拉近与客户的距离。

 一流金口才3

销售人员："老先生，您的精神这么好，平时一定很注重身体保健吧，您有哪些保健的诀窍呀？我们店里新上架了一批保健品，尤其适合老年人，再配合平时做一些有氧运动，保健效果会更加理想。"

▮▮▮▮ 攻心策略

巧妙地把"向客户推荐"转变为"向客户请教"，然后再不失时机地向客户推荐适合老年人的保健品。

## 客户主动让推荐药品，销售人员要体现专业性

 实战片段

客户来到药店购买药品，主动找到了销售人员，并且详细地向销售人员说明了自己的症状，希望销售人员推荐疗效显著的药品。

 话术避雷区

雷区1："您的病症不轻啊，不会是××病吧？"

【点拨】销售人员首先要安抚客户由于疾病带来的焦躁情绪，而不是无端增加客户的心理负担。

雷区2："您的病没事，简单吃几次药就可以了。"

【点拨】销售人员对客户病情过于轻描淡写，容易使客户误认为销售人员对自己不够重视。

雷区3："您的病应该没事，您吃点儿××药先试试看吧。"

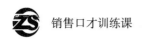 

【**点拨**】这种含混不清的说法会增加客户的疑虑，同时也会使客户觉得药店的服务缺乏专业性。

客户并非医药学的专业人士，往往对自己的病情不甚了解，更不知道应该服用什么药品。有些客户会认为自己的病情轻微，到医院买药太麻烦，他们更乐意到药店买药。客户到药店后，往往会听从销售人员的建议，然后再决定选购哪款药品。这就要求销售人员根据客户病症推荐药品。当然，如果销售人员的确对客户的病症有所疑问，那也应该如实告知客户，然后建议客户到正规医院就诊。

这时候，销售人员要注意以下几点：

（1）认真倾听客户的叙述，帮助客户分析病因；

（2）针对客户的病症，推荐几款适合的药品；

（3）分别从成分、功效、价格等方面做专业介绍，为客户提供合理的建议。

**一流金口才1**

销售人员："根据您刚才讲的，我认为您是由××而导致的××。这几款都是治疗××的药品，其中这一款效果最好。您吃药的时候一定要注意用温水送服，这样能够更好地发挥药效。最近天冷，您要适当加衣服，注意保暖，相信很快就会好起来的。"

▌▌▌▌**攻心策略**

先仔细倾听客户的陈述，再利用现有的医疗工具进一步确认客户的病症，在此基础上为客户有针对性地推荐药品。要注意服务细节，嘱咐客户服药的注意事项，体现服务的细致和周到。

### 一流金口才 2

销售人员："没关系，您不必忧虑。只要对症治疗，您的女儿很快就会好起来的。这款药品是专门治疗小孩××的，副作用小，您可以放心购买。这是这款药品的说明书，您可以先看一下。"

#### 攻心策略

对于焦虑的客户，销售人员要安抚其焦虑的情绪，于细微处体现出服务的贴心；在推荐药品的过程中，要注意向客户说明选择这款药品的理由，这样客户才能安心购买。

### 一流金口才 3

销售人员："您不要担心，您的头晕症状可能是高血压引起的。您先到这边休息一会儿，我马上为您量一下血压……血压的确有些高。我们药店有不少降压药，这款药品特别适合您。您平时要注意休息，这样可以有效降低高血压发病频率。"

#### 攻心策略

销售人员在日常工作中要用心积累药理知识，唯有如此，才能够针对客户的疑问做出专业答复，提升服务品质。

 **把握好时机，把爱聊天客户的视线引到产品上来**

客户走进药店后，一直和销售人员唠家常，谈论自己年轻

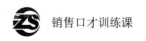 

时候的经历，却对购买需求只字不提。

**雷区 1：** "您继续说吧，我听着呢。"

**【点拨】** 这样的回复会让客户感到不被重视。

**雷区 2：** "店里现在太忙了，您先稍等一下，我先去接待一下其他客户。"

**【点拨】** 这样的言辞容易使客户感觉自己被嫌弃了，会把客户置于尴尬的境地。

**雷区 3：** "您谈论的这些跟保健品没有关系啊，我们还是回到正题上来吧。"

**【点拨】** 这种强行终止谈话的做法会伤害客户的自尊心，可能导致客户离去。

喜欢聊天的客户大多数都是外向型性格，热衷于人际交流。他们往往心直口快，对自己的需求和想法会直言不讳，这在一定程度上有利于销售人员捕捉客户需求。但是，也偶尔会有一些客户滔滔不绝，说一些与保健品无关的题外话。这个时候，销售人员就要使用各种方法巧妙地终止闲谈，同时注意不要伤了客户的自尊心。

这时候，销售人员要注意以下几点：

（1）认真倾听客户的谈话，从闲聊中分析客户的潜在需求，然后再有针对性地介绍保健品；

（2）把握好时机，在适当的时候把话题引到保健品上来；

（3）暗示同事帮助，有礼貌地终止闲谈，回到保健品的话题上。

**一流金口才 1**

销售人员："您好，女士，好久不见，您的气色真是越来越好了！您这次过来准备看看哪类保健品？正好现在店里不是很忙，我们趁这个机会好好聊聊。"

▌▌▌ **攻心策略**

如果药店内的客户的确不多，销售人员可以把客户请进休息室，让客户畅谈自己的需求，以提升客户满意度。

**一流金口才 2**

销售人员："时间过得真快呀，不知不觉已经过了半小时了，跟您在一起聊天真开心。对了，您刚才提到想要了解××品牌的保健品，我给您拿一盒过来吧，给您介绍介绍，您稍等一下。"

▌▌▌ **攻心策略**

用委婉的方式、轻松的语气提示客户已经聊了很长时间了，然后再顺势把话题引到保健品上来。

**一流金口才 3**

销售人员："真是抱歉，有一位客户预约了四点钟来店里咨询药品的服用方式和禁忌等问题，我需要先去接待一下，我会请我的同事来继续为您介绍这款保健品，希望您理解。"

▌▌▌ **攻心策略**

向客户说明终止谈话的理由，请同事来帮忙接待该客户，且应避免由于长时间交谈而无意中流露出对客户不耐烦的情绪。

# 适当地刨根问底，重新树立起客户对产品的信心

一位客户走进保健品店，销售人员赶紧热情地上前服务，询问客户有哪些需求。可是客户这样说道："我买保健品已经上过好几次当了，实在是不敢相信任何保健品了。"

**雷区1**："我们这款保健品跟您以前购买的肯定不一样。"

【点拨】这种说法显得苍白无力，不能打动客户。

**雷区2**："我们给您推荐的这款保健品是大品牌，您大可放心。"

【点拨】这种说辞很容易让客户感觉销售人员在夸大产品功效，反而增加了客户的疑虑。

**雷区3**："我们的保健品质量可靠，都是大品牌，您绝对不会上当受骗的。"

【点拨】这种笼统介绍和急切推荐的行为，会让客户感觉销售人员是在过度销售，给客户造成购买压力。

不可否认的是，现在市场上保健品销售商的资质参差不齐，不排除一些销售商为了提高产品销量进行虚假宣传。所以，客户才会抱怨上过当，不敢再相信任何保健品了。而且这些客户通常对销售人员抱有更高的警惕性。

针对客户对保健品的不信任，销售人员要适当刨根问底，通过分析

与讲解，重新树立起客户对保健品的信心，这就为客户再次购买保健品提供了可能。

这时候，销售人员要注意以下几点：

（1）耐心劝导客户要区分不同的销售商和不同的保健品，不能以偏概全，慢慢转化客户先入为主的观念；

（2）把"购买"改为"看看"，减少客户的警惕心理；

（3）运用轻松的语言，营造相互信任的氛围。

### 一流金口才1

销售人员："尽管现在保健品销售商资质良莠不齐，但是，当您走进我们店的时候，相信您一定感受到了我们管理上的规范性。我们店是厂家直销，没有中间商，那边有我们的售后服务承诺，另外，在保健品陈列架的后面还有消费者的口碑墙，我带您过去看一下。"

**攻心策略**

销售人员一定要注重营造买卖双方相互信任的气氛，无论是从保健品店的布置、管理，还是从保健品口碑的介绍上，都要不断增强客户对产品的信任。

### 一流金口才2

销售人员："您以前购买保健品的时候遇到销售人员夸大其词的销售行为，由此而产生对保健品的不信任，我们非常理解。我们的品牌已经创立15年了，是保健品行业的龙头品牌，我们有自己的连锁店面，还向客户承诺可以无理由退货。如果您仍然对我们的产品心存疑虑，您可以抽时间参加我们店举办的客户联谊会，听听其他客户对产品的看法和使用效果。"

**攻心策略**

从品牌历史、经营模式等角度解释，强化客户对产品的信任感；再

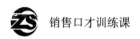 

通过无理由退货政策进一步打消客户的疑虑；销售人员还可以邀请客户参加联谊会，方便客户了解产品的口碑和使用效果。

**一流金口才3**

销售人员："通过您前面的讲述，我了解到您前几次购买的保健品并不适用您的症状，因此效果才不能令您感到满意。购买保健品自然要注重质量和品质，但是更要针对自身的体质和症状选择适合自己的保健品。我们这款保健品是针对××症状研发的，效果比较理想。"

 **攻心策略**

销售人员要站在客户的立场，实事求是地为客户分析"上当"的原因，进而说明选择保健品要"对症"，然后再根据客户症状有选择性地推荐保健品。

# 不要直接否定网购，但要告知潜在风险

客户走进药店，饶有兴趣地浏览着柜台里的药品。这个时候，销售人员热情地走过去，询问客户需要什么帮助，客户却摆摆手说："我先了解一下，准备从网上购买。"

**雷区1**："好的，那您自己看吧。"

**【点拨】**这种沟通方式过于消极，容易造成客户流失，从而丧失交易机会。

**雷区2：**"网上的药品也便宜不了多少钱呀。"

**【点拨】**这种言辞过于笼统，难以说服客户。此外，这种说法认为客户选择在网上购药是单纯地追求便宜，会让客户感觉尴尬。

**雷区3：**"网上的药品有很多都是假冒的，不如我们药店的药品好。"

**【点拨】**这种说法具有强烈的主观色彩，而且言辞直白，容易让客户反感。

伴随着我国互联网经济的快速发展，网络购物已经成为一种时代潮流。客户准备从网上购买药品，这一方面说明客户对药品有内在需求，另一方面也说明客户对网络购买药品的认可。

由于网上药店省去租店面、招雇员等一系列费用，总的来说，其药品的价格较一般实体药店的同类药品更便宜。而且，网购无须面对面接触，可以有效保护客户隐私。但是，网上药店的药品质量无保障，既无法当面查验，也无法保障售后服务，而且是否对症只能自己判断。

这时候，销售人员要注意以下几点。

（1）要告知客户，网上的药品尽管价格不贵，但是质量无法保障，而且不能跟销售人员面对面沟通，无法全面了解服用方法和服用禁忌。

（2）要提醒客户，网上购药从下单到收货，需要花费一定的时间，存在很大的不确定性，还有信息泄露的风险。

针对准备网购的客户，销售人员不要全盘否定客户的选择，但是应该明确告知客户网络购药便利与风险并存。

**一流金口才1**

销售人员："网上购买药品的确非常方便，我们药店也开通了网店。

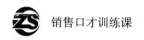 

这是我们药店的名片，您只要按照上面的网址登录就可以购买药品了。如果您有什么疑问，我们还有专业的医药顾问为您提供专业的线上服务，很方便。"

**攻心策略**

首先向客户说明药店也开通了网店，迎合客户网络购药的选择偏好；通过提供药店的网络地址，引导客户网上购药；最后再通过专业的医药顾问咨询业务，使客户放心购买。

**一流金口才2**

销售人员："网络购物确实有很大的便利性，但是也不可避免地存在一些安全隐患。因为网络具有虚拟性，这就使得药品安全和质量难以保证。此外，现在网上药店发展参差不齐，不少网上药店利用网络的虚拟性打政策的擦边球，违规销售非网络销售药品。因此，如果您的确热衷于网上购买，我建议您一定要选择正规药店的B2C（企业对消费者）平台。另外，您一定要注意网上药店是否有相关部门颁发的互联网药品交易服务资格证书。"

**攻心策略**

销售人员要客观地告知客户网络购药的风险，提醒客户选择网上购药一定要慎之又慎，还要告知客户如何判断网上药店是否正规合法。站在客户的立场上，处处为客户着想，这不但能够取得客户的信任，还能够增强客户对服务的认可。

**一流金口才3**

销售人员："就目前情况来看，互联网药品销售资格的争夺日趋激烈，市场准入要求非常严格，所以，网上药品的销售价格并不比实体店的便宜。此外，网络购药也造成了发票和收据管理方面的问题，客户的费用报销也变得复杂了。因此，网上购药无论是药品质量还是售后服务，都难以和实体店相比。您认为呢?"

### 攻心策略

客观分析网上药店的发展现状，指出网上药店造成的药品品质、售后服务、报销困境等问题，转变客户的固有观念，从而使客户选择在本店购买。

# 第三章

# 激发客户的"情绪"
# 是买卖成功的关键

在物资匮乏的年代，具体、有形的东西才有价值，因为人们首先要满足衣食住行等最基本的需要。但在物质极大丰富的现代社会，心境、感觉、情调等无形的东西则更加为人们所追求，"心灵饥渴"的现象越来越普遍。因此，能否激发客户购物的情绪已经成为买卖成功与否的关键。对于医药保健品销售人员而言，最大限度地激发客户的购买情绪也就成为提高业绩的必要手段。

**先谈产品价值再谈价格，客户更容易接受**

客户来到保健品店，在浏览了一圈店里的产品后，用手指着柜台上摆放的促销品，问道："这个多少钱?"

**雷区 1**："这款产品的价格是××元。"

【点拨】没有任何铺垫就直接报价有可能失去客户。在客户还未了解产品的价值之前，销售人员不要贸然说出产品价格。

**雷区 2**："这款就是广告上促销的那款，销量特别好，是国外厂商生产的，价格也便宜……"

【点拨】过多的铺垫反而会令客户产生戒备心理，所以销售人员一定要把握好尺度。

**雷区 3**："您打算多少钱买?"

【点拨】这样随意讨价还价的做法，容易使客户觉得产品根本就不值钱。

客户之所以格外关注产品价格，就是希望能够以相对便宜的价格买到质量更好的产品，所以，销售人员要强调产品自身的价值，然后再谈论价格，这样客户更容易接受。

这时候，销售人员要注意以下几点：

（1）不要直接回答价格，要先强调产品价值；

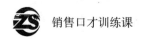
（2）介绍产品除价格之外的优势；

（3）判断客户预期的心理价格，使自己的销售行为更具有针对性。

要回答客户对产品价格的询问需要很强的技巧性。如果处理不当，就很容易造成客户流失。

### 一流金口才1

销售人员："先生，您刚才提到的这款广告上促销的产品能够×××，性价比很高。所以，它在同类产品中口碑较好，销量较大，因此，我们为了回馈广大客户，正在不遗余力地推广这款产品。我这就把样品拿过来，您先看看。"

#### ▌▌▌▌ 攻心策略

巧妙回避客户的询价，强调产品的性价比；突出产品的优势与亮点，再向客户推荐，请客户体验。

### 一流金口才2

销售人员："这是一种××的产品，共有两款，这一款的价格是××元，那一款的价格是××元，后面这款是进口的，所以价格也更贵一些。这两款产品功效相当，都很理想，您想看看哪一款，我这就去给您拿样品。"

#### ▌▌▌▌ 攻心策略

有的客户会要求销售人员当面报价，这个时候，销售人员就要采取灵活的双保险策略，以正常报价为参考价，分别报出略高和略低两种价格，然后根据客户的选择意向有针对性地推荐。

### 一流金口才3

销售人员："您的眼光可真好，这款产品是国外厂商研制生产的，尤其受您这样的商务人士的追捧。这款产品的价格是××元，现在店里正在搞促销活动，我把样品和赠品都拿过来，您先看一下。"

 攻心策略

介绍产品的厂商优势；同时利用店里的促销活动引导客户购买。

# 介绍产品的不同，突出产品的优势

一位老先生被子女拉着来到保健品店，在店里浏览了一圈后，拿起一款保健品仔细看了一会儿，随后又放回原处。销售人员主动走上前去提供帮助，老先生却说道："我以前买过保健品，但是效果都不好，现在我和老伴都更相信食疗，不太信任保健品了。"

**雷区1**："要是食疗有效果，那大家就不用买保健品了。"

【**点拨**】这种直接否定食疗的说法，会令客户产生不满情绪。

**雷区2**："您说保健品没有效果，那是您没有买对，您买了我们的保健品，就会有效果。"

【**点拨**】这种说法具有很强的主观色彩，事实依据不足，难以令客户信服。

**雷区3**："食疗不如保健品，食疗太慢，保健品见效更快。"

【**点拨**】这种说法显得不严谨，销售人员要用相对专业的词汇和语言为客户解释。

57

在现实生活中，不少客户实际上都认识到了身体保健的重要性。依靠食疗的方法改善营养状况，增强人体免疫力，也是一种增强体质的方法。

这时候，销售人员要注意以下几点：

（1）肯定客户的保健意识；

（2）客观地分析利弊；

（3）向客户说明选择合适的保健品能达到更好的效果。

### 一流金口才1

销售人员："现在的保健品市场还不是很规范，一些商家为了提高销量，一味地夸大保健品的功效，这就导致您以前购买的保健品可能并未达到预期效果。因此，我建议您在选购保健品的时候，一定要优先选择那些口碑好、质量好的保健品，这样才可能达到预期的保健目的。"

#### ▮▮▮▮ 攻心策略

面对客户对保健品的质疑和不解，销售人员要保持耐心，明确告知客户应该如何选择保健品。

### 一流金口才2

销售人员："通过跟您的交谈，我知道您平时一定非常注意身体的保健。实际上，食疗的方法的确不错，但是它一般需要相当长的时间才会有效果。此外，各种食材的搭配烹制也是一件费时费力的事情。保健品是有效成分的大集合，能够为人体提供营养，服用起来也更加方便。您可以先吃一个疗程，看看效果，与食疗做一个对比，您觉得呢？"

### ▌▌▌▌ 攻心策略

从科学的角度为客户介绍食疗和服用保健品的不同，通过对比的方法凸显出保健品的独特优势，劝导客户进行尝试。

### 一流金口才 3

销售人员："现在生活节奏加快，很多人处于亚健康状态，只是尚未表现出明显症状而已。食疗确实具有一定的功效，但是通常需要很长的时间才有可能见效。保健品则不然，它有可能在相对较短的时间内将身体调理至理想状态，既方便又有效。"

### ▌▌▌▌ 攻心策略

通过食疗和保健品的对比，突出保健品更便捷、更有效，从而让客户转变观念，更乐意接受保健品。

##  运用痛苦联想法，化解客户经济紧张的压力

某保健品店正在举行声势浩大的促销活动。销售人员一边向客户派发传单，一边热情邀请客户进店看看。一位客户拿着传单看了看，说道："我最近经济紧张，买不起保健品。"

雷区 1："这款保健品不贵呀，您是不想买吧？"

【点拨】这有明显轻视客户的色彩，会引起客户的不满。

雷区 2："等您真生病了，您不也得拿钱治疗吗？现在买保健品怎么

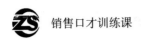 

就没钱了呢?"

【点拨】这种说法没有礼貌,缺乏基本素养,而且这种质问的语气会引起客户反感。

**雷区3:**"那您可以选择不买。"

【点拨】这种沟通方式过于消极,有可能造成客户的流失。

客户之所以会得出自己买不起保健品的结论,大多是由于客户普遍认为保健品价格较高。此外,也有可能是客户对保健品的功效不甚了解,因此才拒绝购买。

这时候,销售人员要注意以下几点:

(1)巧妙地利用痛苦联想法劝导客户,使客户认识到购买保健品的必要性;

(2)明确告知客户保健品的作用。

**一流金口才1**

销售人员:"您太谦虚了。一些客户认为保健品的价格都很高,属于奢侈品,实际上并不是这样的。我们往往有这样一个误区:只有生病的时候,才意识到健康的重要性,当我们真的生病住院了,才发现医药费是真高。服用保健品能够×××,您不妨试一试。"

▌▌▌▌ **攻心策略**

巧妙利用痛苦联想法说服客户,通过生病的治疗及药品费用高与保健品的优点对比,使客户转变观念,下决心购买。

**一流金口才2**

销售人员:"刚才您说经济紧张,这一点我感同身受。像您这个年龄段，上有老下有小，工作压力大，无论在单位还是在家里，都是顶梁柱。可是，您一旦身体有恙，那花费可不会少呀！因此，平时拿出一部分钱用于身体保健，能够×××，这不是很划算的一件事吗？"

 **攻心策略**

从客户的家庭角色和社会角色入手，向客户说明身体保健的必要性；站在客户的立场上，为客户算一笔经济账，说明买保健品非常划算。

### 一流金口才 3

销售人员："无论经济是否紧张，有个好身体都是第一位的。身体健康了，患病就少，这样就能省下不少医疗费。这款保健品有益于××，口碑很好，您可以买一盒尝试一下。"

 **攻心策略**

向客户说明身体强健源于平时的保健；强调保健品的功效，激发客户的购买意愿。

## 转变客户固有认知，激发客户购买产品的意愿

实 战 片 段

客户来到保健品店，在柜台前浏览保健品。销售人员热情地上前提供帮助，客户却面带忧虑地说道："保健品有依赖性，我不想买。"

话 术 避 雷 区

雷区1："依赖性？这怎么可能？"

**【点拨】** 用夸张的语气直接质疑客户的观点，会引起客户的反感，不利于达成交易。

**雷区2：** "我还是第一次听说保健品有依赖性呢，绝对没有依赖性。"

**【点拨】** 销售人员过于肯定的语气反而增强了客户的疑虑，无法转变客户的原有认知，也体现出了销售人员不够专业。

客户担心保健品有依赖性，这说明客户对保健品有一定的了解，但是存在认识误区，销售人员要致力于转变客户的固有认知。

这时候，销售人员要注意以下几点：

（1）要认可客户对保健品的初步认知；

（2）要使客户走出认知误区；

（3）生动地为客户讲解，加深其认识。

### 一流金口才1

销售人员："刚才，这几位客户还在探讨保健品并非药品呢。是的，保健品的功效是调理人体机能。另外，每款保健品的服用疗程都经过了严格的质检评测，关于这一点，您大可放心。"

**攻心策略**

巧妙借用周围客户观点向客户传达保健品并非药品的观点；通过严格的质检评测来进一步说明保健品的质量有保证，打消客户的疑虑。

### 一流金口才2

销售人员："人体的活动会消耗各种营养元素，我们服用保健品能够弥补××，从而达到××的效果，所以，保健品不会使人产生依赖性。"

攻心策略

向客户说明保健品的具体功效，使客户正确认识保健品的基本属性，纠正客户的错误认识。

## 巧妙运用搭配原理，合理向客户推荐产品

客户来到保健品店，销售人员热情地询问客户需要哪些帮助。客户说道："家里还有很多保健品没有吃完，暂时不买了。"

**雷区1**："既然这样，那您赶紧吃呀，保健品对身体有好处。"

【点拨】这样的表达方式不礼貌，有指责客户的嫌疑，易使客户产生不满情绪。

**雷区2**："您吃了那么多保健品也没有明显的功效，还是买我们的试试吧。"

【点拨】这样的言辞并不专业，而且容易引起客户反感。

**雷区3**："您这么重视保健，那也要购买我们的保健品呀。"

【点拨】这种说法过于笼统，没有给予客户充分的购买理由，难以打动客户。

客户说家里的保健品还没有吃完，这就从侧面说明客户平时注重身体保健，对保健品是认可的。销售人员可以从保健品的功效出发，建议

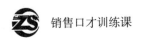 

客户搭配使用。

这时候，销售人员要注意以下几点：

（1）充分肯定客户的保健意识；

（2）探询客户需求，合理推荐，吸引客户购买；

（3）生动讲解，加深客户印象。

此外，销售人员还要询问客户目前服用保健品的情况，巧妙运用搭配原理向客户合理推荐保健品。

### 一流金口才 1

销售人员："我建议您同这一款搭配服用。每一款保健品在功效上都有所侧重，搭配服用能够起到更好的调理作用，实现一加一大于二的效果。"

#### ▌▌▌ 攻心策略

从科学的角度为客户分析保健品搭配服用的基本原理，从而激发客户的购买兴趣。

### 一流金口才 2

销售人员："您的保健意识真是令人佩服。咱们服用保健品就是为了增强身体素质，保持健康。如果您现在服用的保健品功效还不能令您十分满意，那么，建议您同时搭配这一款服用。"

#### ▌▌▌ 攻心策略

要赞扬客户的保健意识；要从客户的立场考虑问题，建议保健品搭配服用，增强功效。

### 一流金口才 3

销售人员："先生，您的保健意识真强，为您点赞。您刚才的免费身体检测结果与您所描述的基本症状刚好吻合，我们的保健品非常适合您。所以我建议您试试这一款，您认为呢?"

 攻心策略

通过免费的身体检测项目向客户推荐合适的保健品，提高客户信任度。

 客户要求试用产品时，根据具体情况恰当处理

 实战片段

客户在保健品专卖店选购了一款保健品，但是决定购买的时候，他担心保健品功效不好，于是对销售人员说道:"这款保健品有没有试用装? 我能够试用一下吗?"

话术避雷区

**雷区1:**"我们这款保健品卖得很好，因此店内没有试用活动。"

**【点拨】**这种直接否定的回答会伤及客户的情面，导致客户流失。

**雷区2:**"试用品有什么好? 虽然免费，但是质量难以保证。"

**【点拨】**这种说法主观臆断色彩明显，有质疑客户贪图小便宜的嫌疑，也有对试用活动的质疑，使客户质疑销售人员的专业性。

**雷区3:**"公司规定不能试用，但是我可以去帮您申请一下。"

**【点拨】**这种模棱两可的答复不利于树立药店形象。

 行家如是说

一般来说，免费试用能够激发客户兴趣，客户也更愿意参与这样的

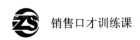 

活动。所以，越来越多的保健品店通过免费试用的方式来吸引客户，提升药店的品牌形象。

这时候，销售人员要注意以下几点。

（1）要热情询问，大致推断客户试用的目的。

（2）要判断客户是不是符合试用条件。如果客户符合试用条件，要及时登记客户信息；如果客户不符合试用条件，要耐心向客户说明原因，取得客户的理解。

### 一流金口才1

销售人员："女士，我们店在刚开张的时候，曾举办过这款保健品的试用活动。现在我们店已经开好几年了，当初购买这款保健品的客户都成了老客户。所以说，这款保健品在客户中有不错的口碑，但是现在并没有试用活动。"

#### 攻心策略

通过保健品在客户中的良好口碑，激发客户的购买兴趣；明确告知客户没有试用活动，争取客户的理解。

### 一流金口才2

销售人员："这款保健品是我们店里的明星产品，属于厂家直销，不存在任何中间环节，价格也非常公道。另外，它的质量可靠，不少客户都推荐亲朋好友购买，所以经常会出现断货的情况。尽管我很想帮您，但是咱们店现在没有这个活动，如果您现在购买，我们可以赠送您一份小礼物。"

#### 攻心策略

通过这款保健品的卖点及热销状况，告知客户店里没有试用活动；通过赠送礼品的方式，安抚客户，平衡客户心理，激发客户的购买兴趣。

**一流金口才 3**

销售人员："先生，这款保健品特别适合您的情况。您真的非常幸运，现在我们店里正在搞这款保健品的试用活动。您可以先填一下这张信息表，我马上去给您拿来试用装。如果您有什么疑问，可以随时问我。"

▌▌▌▌**攻心策略**

当客户参与店内的试用活动时，销售人员务必及时留下客户的信息，这样可以随时跟踪客户的使用效果，为以后的销售工作做好铺垫。

## 尽管客户点名要买某产品，销售人员仍要问清症状

------ **实 战 片 段** ------

客户来到药店，直接点名要购买某款治疗感冒的药品。销售人员详细询问客户病症，客户却很不耐烦地说道："就要我说的那款药，我之前吃它很管用。"

 **话 术 避 雷 区**

**雷区 1**："我这就去给您拿。"

【点拨】这种说法不妥当。销售人员应该先弄清楚客户症状，再推荐对症药品，这才是一种负责任的体现。

**雷区 2**："我们这里的感冒药有很多，您到底要哪一种呀？"

【点拨】这种说话的语气不礼貌，透露出了销售人员的不耐烦，容易引起客户不满。

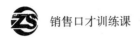 

**雷区3**："这种药品可不能随便卖呀，您要说清楚您的症状，否则会吃出问题的。"

**【点拨】**这种说法夸张且不够积极，过于直接地渲染药品食用不当的后果，无益于解决问题。

客户如果服用某款药品效果比较明显，往往就会对这款药品产生深刻印象。当客户再次遇到这类病症时，便会点名要购买这款药品。但是作为销售人员，仍然要耐心地询问客户的病症。在弄清楚客户的症状以后，再有针对性地为客户推荐药品。

这时候，销售人员要注意以下几点：

（1）要耐心询问客户的症状；

（2）要以客户的症状为依据，合理推荐药品；

（3）要向客户说明推荐药品的理由，使客户信服。

**一流金口才1**

销售人员："先生，虽然您如此焦急，但是我还是要问一下您的症状。××病发病急促，症状复杂多样，而且您的症状也不一定跟以前相同。我们买药最重要的是要对症，您说是吗？"

**攻心策略**

向客户解释病症具有多样性，然后再根据客户病症，向客户推荐药品，从而体现出服务的专业性。

**一流金口才2**

销售人员："您以前购买的那款药主要治疗××引起的××。这几天您确实有同样的症状，所以那款药是对症的，我这就给您拿过来。"

### 攻心策略

在客户购买的药品对症的情况下，销售人员也要从专业的角度为客户分析，树立一个良好的形象。

 一流金口才 **3**

销售人员："您这次的症状可能是××引起的，而您点名要买的那款是治疗××的，我推荐您买这款，而且这款药和您点名要购买的那款价格相当。我们买药还是要注重是否对症，您觉得呢？"

### 攻心策略

销售人员要以专业的医药学知识分析客户病症产生的原因，然后再为客户推荐药品，这样才能有理有据，使客户信服。

## 灵活应对客户要求打折的情况，不失时机地促成交易

销售人员热情地为客户推荐保健品，客户直截了当地问道："我现在购买的话，可以给我打几折呢？"

**雷区1**："先生，抱歉，我们店里现在没有打折活动。"

【点拨】这种直接拒绝客户的回复方式会打击客户的购买积极性。

**雷区2**："先生，对不起，我实在是做不了主。"

【点拨】这种表达方式有推脱之嫌，销售人员的言外之意是要优惠必

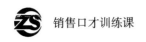

须经过上级同意，这无形中就为促成交易造成阻碍。

**雷区3**："先生，这款保健品能够起到很好的保健作用。"

【点拨】这种答非所问的方式会让客户质疑销售人员是在有意转移话题，从而引发客户的不满。

在销售人员为客户介绍、推荐保健品后，客户实际上对于保健品的功效已经有了基本判断，只是在购买前总是习惯性地问价格问题，以争取最大利益。销售人员要向客户详细解释药店产品的定价原则，同时重点介绍产品亮点，通过赠送礼品等措施来满足客户对价格的期望，使客户立即购买。

这时候，销售人员要注意以下几点。

（1）判断客户是否有购买意愿，判断保健品功效是否符合客户需求。

（2）巧妙询问客户的目的，为客户答疑解惑。客户可能觉得保健品的利润多，怕花冤枉钱，关注价格高于保健品本身。

（3）灵活应对，不失时机地促成交易。不该让的价格，坚决不让，以小礼品等方式使客户心理平衡；该让的价格，有技巧地让，让客户觉得买得划算。

**一流金口才1**

销售人员："女士，这款保健品已经是按照底价销售了，实在不能再为您打折了，真是非常抱歉。想必您也知道，咱们药店向来是诚信经营，从来不会欺瞒客户。价格的确已经非常优惠了，请您理解。"

**▍▍▍ 攻心策略**

销售人员要向客户详细说明保健品不能打折的原因，使客户感觉到保健品物有所值。

**一流金口才 2**

销售人员："女士，我们店现在正在搞活动，购买药品的金额如果达到××元就能享受××折优惠，您现在还差××元，因此，我建议您购买一个价值××元的保健品专用杯，这个保健品专用杯保温效果很好，而且带有刻度，非常实用。这样，您就能够参与打××折的活动了。"

**▍▍▍ 攻心策略**

巧妙地运用"满额优惠"的活动规则，激发客户的购买兴趣。

**一流金口才 3**

销售人员："女士，您是我们的老客户了，相信您对这款保健品已经有初步的了解。这款保健品是大品牌，质量有保障，的确不能再打折了。不过，鉴于您是我们的老客户了，我们可以赠送您一盒价值××元的礼品。"

**▍▍▍ 攻心策略**

以赠送礼品的方式来弥补客户心理上的落差，激发客户的购买欲望。

 **利用包装盒和说明书，解答关于产品有效期的询问**

销售人员热情地为客户介绍药品的基本信息，并且引导客户阅读药品说明书，可是，客户似乎对药品的成分、功效等信

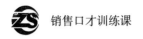
息并不关心，反而对药品的有效期格外关注。

**雷区1：**"有效期标注在包装盒上，您自己看一下吧。"

**【点拨】** 这种回复会让客户感到被敷衍，从而影响其购买意愿。

**雷区2：**"我已经告诉您两次了，有效期到明年9月，还有12个月呢。"

**【点拨】** 这种语气暗含了销售人员的抱怨和不满，容易令客户感到不悦。

**雷区3：**"您尽管放心，咱们的药品都是刚刚上架的，是不会过期的。"

**【点拨】** 这种说法不能令客户信服，销售人员应该直接回复客户，并主动将有效期指给客户看，这样才能打消客户的疑虑。

据相关调查显示，客户在选购药品的时候对包装盒上的生产日期和有效期两条信息格外关注，而对药品成分的关注度要低一些。之所以会出现这种情况，主要是由于以下原因：服用过期药品可能会危害身体健康；药品长久放置易变质。

这时候，销售人员要注意以下几点：

（1）充分利用药品包装盒和说明书，明确告知客户药品的生产日期和有效期，使客户放心购买；

（2）向客户介绍药品的贮藏方法；

（3）告诉客户一些药品保存小窍门，赢得客户的信任和好感。

**一流金口才1**

销售人员："凡是正规药品，在其包装盒上和说明书中都会明确标注产品的有效日期。先生，您看，这款药品的有效期就标注在这里，有效期到××××年×月×日。"

### 攻心策略

通过把有效期指给客户看，巧妙地证实了药品的正规性，同时也打消了客户的疑虑。

### 一流金口才 2

销售人员："这款药品的有效期是 18 个月，现在距离有效期还有 15 个月呢，时间还很长，您不必担心。不过，需要说明的是，这种药品具有一定的挥发性，需要××保存，否则就有可能影响药效的发挥。只要您在保存时注意这点就可以了。"

### 攻心策略

对于客户关于有效期的疑问，销售人员要正面直接答复，打消客户疑虑。此外，温馨提示药品保存的注意事项，使客户感受到销售人员服务的贴心和细致。

### 一流金口才 3

销售人员："这款药品中含有××和××，因此，在××的环境下容易变质、失效。就算密封起来，在××条件下药也很有可能会裂开。如果出现了这种状况，即使药物没有过期，也不要继续服用。"

### 攻心策略

从药物的成分入手，向客户说明有些药品即使在有效期内，由于各种特殊环境，药品也存在变质、失效的可能性，从而引起客户足够的重视。

# 第四章

# 放大客户需求的能力，就是收钱的能力

了解客户需求的能力，就是销售的能力；放大客户需求的能力，就是收钱的能力。所以在销售时，不要只盯着产品，而是要把主要精力放在挖掘客户需求上。挖掘需求就是一次和客户"斗智斗勇"的过程。有时候客户会故意隐瞒自己的需求，而更多的时候，客户则是根本不知道自己的需求。因此，销售人员就要在这场"角力"中放大客户的需求。

**利用专业知识，帮助客户树立保健意识**

　　一位客户在商店里漫无目的地浏览保健品。这时候，一位销售人员热情地走上前去询问客户有哪些具体需求，希望能够为客户提供专业服务，客户却说道："我的身体非常健康，不需要购买保健品。"

**雷区1**："身体健康也需要购买保健品。"

【点拨】这种直白的语言难以打动客户。

**雷区2**："大部分人都觉得自己身体很健康，可是一旦得病就完了。"

【点拨】这似乎在预示客户的健康会出问题，使客户反感。

**雷区3**："这款保健品性价比很高，您不买肯定会后悔的。"

【点拨】这种言辞带有强迫客户购买的色彩，会使客户产生反感心理。

　　不少客户在保健方面都有类似的心理：当自己的身体没有明显疾病的时候，就认为自己的身体很硬朗，因此，也就忽视了日常的保健。之所以会有这种认识，大多是由于客户对保健品的作用认识模糊，定位不清晰。

　　这时候，销售人员要注意以下几点。

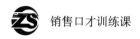 

（1）初步认同：销售人员首先要初步认同客户的看法，因为这种观点的确是大多数客户的普遍认知。

（2）纠正认知：销售人员要充分利用自己掌握的专业知识，向客户讲述保健品的重要作用在于增强体质。

面对那些对自己的身体健康状况较为自信而拒绝购买保健品的客户，销售人员要耐心细致地向客户讲述保健品重在保健的作用，帮助客户树立保健意识。

一流金口才1

（客户是老年人。）

销售人员："老先生，看到您的身体这么硬朗，我真是由衷地为您感到高兴呀。但是，咱们上了年纪的人在身体素质和身体抵抗力方面的确不像年轻时那样了，这一点想必您也有一定体会。所以，作为老年人，我们购买保健品，实际上就是为我们的健康投资。有句俗语是这样说的，植病在青年，得病在中年，发病在老年。老先生，您的身体现在确实很健康，但是，我们是不是也要采取科学的措施来增强体质呢？"

**攻心策略**

针对老年客户，销售人员要结合其身体状况，耐心地向其说明身体保健的重要意义，以通俗易懂的俗语作为切入点，为客户树立健康意识和保健意识。

一流金口才2

（客户是中年人。）

销售人员："我非常理解您的想法。我们中年人工作压力大，不少人实际上都处在亚健康状态，适当地服用适合自己的保健品，不但能够调节身体，增强身体的免疫力，而且对我们保持良好的精神状态也是大有裨益的。我建议您尝试一下。"

 **攻心策略**

销售人员站在客户的立场上思考问题，结合现在生活节奏快，中年人一般都是家里的顶梁柱，工作压力大等客观社会现实，说明身体保健的必要性。很容易使客户产生共鸣。

### 一流金口才 3

（客户是年轻人。）

销售人员："现在得'三高'疾病的年轻人越来越多了，这和饮食习惯有关，同时也和运动量不足有很大关系。身体健康的时候忽视了对身体的保健和保养，得病以后就不得不到医院就医了，这就造成了时间上的浪费和经济上的损失。您可以先看一下我们的产品，了解一下保健品的相关知识。"

 **攻心策略**

通过健康问题引起客户关注并思考，从而巧妙地向客户说明使用保健品的必要性，然后再以让客户了解保健知识的方法拉近自己和客户的距离。

## 善于观察客户的身体语言，才能抓住其需求点

实 战 片 段

客户来到药店选购药品，在浏览了一番后，弯腰盯着柜台里的某款药品看，显得很有兴趣。

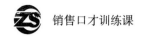

**雷区1**："这款药很好，您买不买？"

【点拨】这种直白的推荐方式会给客户很大的购买压力。

**雷区2**："您选中的这款药不适合您，您还是看看另外一款吧。"

【点拨】这种表达方式不够尊重客户的选择，具有很强的主观性，容易令客户感到无所适从。

**雷区3**："这款药价格贵一些，您买吗？"

【点拨】这种说法没有体现出药品的物有所值，且有质疑客户购买能力的意思。

**雷区4**："您原来是要找这种功能的药呀，我们店里有很多呢，我都给您拿来。"

【点拨】一次性地向客户推荐过多的药品会让客户难以选择。

客户在购买过程中，就算没有直接的语言表达，他们的行为、动作和神态特征也会明显透露出某种信号，如微笑、长时间凝视、仔细打量、细看说明，拿着两款或多款进行对比等。这就要求销售人员要善于观察，善于发现客户的需求点。客户弯腰细看柜台里的某款药品，就说明客户对这款药品产生了兴趣。

总之，销售人员要注意以下几点：

（1）善于发现客户的需求点，有针对性地进行推荐；

（2）一边引导客户浏览，一边进行讲解；

（3）确认药品对症后，再对药品成分、功效等进行介绍。

### 一流金口才 1

销售人员："这款药品在提高睡眠质量方面有明显的功效。它选用××精制而成，全部是由我们公司种植和生产的，无论是药效还是安全性方面都是有保障的。"

#### 攻心策略

在客户低头细看药品的同时，销售人员要为客户介绍药品成分等信息，从药效和安全性两个方面突出本款药品的亮点，激发客户的购买意愿。

### 一流金口才 2

销售人员："这款药品是专门治疗××的。与其他同类型药品相比，这款药品考虑了××人群体质的特殊性以及对药物的吸收效果等因素，安全可靠。我给您拿一盒，您先看一看。"

#### 攻心策略

开门见山地向客户介绍药品的功效和卖点，突出药品的独特优势；再不失时机地从柜台里拿出药品，便于客户现场察看，也便于销售人员进一步介绍。

### 一流金口才 3

销售人员："如果您的××功能不是太好，那也可以尝试一下另一款药品，它对××的刺激更小些，我这就拿过来给您看看。"

#### 攻心策略

首先要尊重客户的选择，然后再告知客户药品的适用病症和禁忌；站在客户的立场上，为客户合理推荐同类药品，供客户选择。

了解客户抵触产品的原因，消除客户的误解

 实 战 片 段

客户来到保健品店，销售人员热情地上前服务，客户却冷冷地说道："保健品都是忽悠人的，我不买保健品。"

 话 术 避 雷 区

**雷区1**："您尽管放心，这款保健品功效特别好。"

【点拨】这种说法过于绝对，缺乏足够的说服力，反而会让客户产生不信任感。

**雷区2**："我们的保健品是不会骗人的，电视上有很多我们的广告。"

【点拨】这种直截了当地否定客户的做法，反而会让客户觉得销售人员在骗人。

**雷区3**："您试都不试，怎么知道保健品是骗人的呢？"

【点拨】这种说法缺乏专业性，也会使客户对店铺产生怀疑。

 行 家 如 是 说

客户认为保健品都是骗人的，有可能是客户以偏概全，是个别企业的违规生产及过度宣传造成了负面影响；也有可能客户之前买过，但没效果，从而造成其对保健品的误解。

这时候，销售人员要注意以下几点：

（1）表示理解客户的想法和观点；

（2）详细询问客户为什么会产生这种想法；

（3）向客户详细介绍保健品的实际作用和功效，针对客户的顾虑做出有针对性的回答和沟通。

针对那些对保健品存在误解的客户，销售人员首先要给予客户相对自由的选购空间，其次了解客户抵触保健品的真正原因，最后重点介绍保健品的实际功效和作用，从而消除客户的误解，帮助客户挖掘自身对保健品的需求。

### 一流金口才 1

销售人员："我理解您的想法。的确，保健品并不是药品，只是能够×××。比如，这款保健品主要是针对××人群研制的，能够×××。"

**攻心策略**

销售人员要巧妙地避开矛盾点，先肯定客户的想法；然后采取先抑后扬的策略，重点介绍保健品的保健功能，从而转变客户对保健品的固有认知。

### 一流金口才 2

销售人员："您说得不无道理，像'保健品可以治病'这种宣传的确是言过其实。我们店里的保健品都是经过国家相关部门的批准才销售的，有相关部门的正式批文，符合国家的相关规定。"

**攻心策略**

针对客户的质疑和误解，首先要旗帜鲜明地向客户说明"保健品能治病"是个别销售人员夸大其词的说法，再通过有国家的正式批文证明本店药品的正规性，从而打消客户的质疑。

### 一流金口才 3

销售人员："哦，您是这样看待保健品的呀，您为什么会产生这种想法呢？您以前服用过保健品吗？"

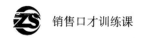

**攻心策略**

销售人员要态度真诚，然后用委婉的语气询问客户质疑保健品的真正原因。如果能找到具体原因，那么问题就解决一大半了。

## 介绍物有所值的产品，化解客户的刻意回避

客户点名要买某种类型的保健品，销售人员热情地为客户挑选了几款性价比很高的，但是客户看也不看，说道："你推荐的这几款我都不要。"

**雷区1：** "我为您推荐的保健品都是性价比最高的，您可以放心购买。"

【点拨】这种说法过于笼统，难以说服客户。

**雷区2：** "您就买这款吧，其他的都不适合您。"

【点拨】这种表达方式过于牵强，没有给予客户充分的选择空间。

**雷区3：** "我们店只有这几款，您自己看看吧。"

【点拨】这种说法主动放弃了与客户沟通交流的机会，容易造成客户的流失。

客户在选购保健品的时候，对销售人员的推荐可能会产生一定的戒备心理。在一些客户看来，销售人员推荐的保健品或者价格偏贵，并不

物美价廉；或者销量不好，市场反响差，效果不好；或者该产品的销售提成更高，销售人员想多赚钱。正是基于这样的认识，客户才会刻意回避销售人员推荐的保健品。

这时候，销售人员要注意以下几点：

（1）突出亮点，为客户推荐的保健品是最符合客户需求的；

（2）价格合情合理，在客户的心理预期内；

（3）体现自身专业性。

面对刻意回避销售人员推荐产品的客户，销售人员应当侧重于介绍保健品物美价廉、物有所值，以真诚的服务态度和专业的职业素养赢得客户的信任。

**一流金口才 1**

销售人员："按照您刚才叙述的症状，这几款保健品都是适合您的。我可以为您详细介绍一下，这样您可以从中选择您最中意的一款。"

**攻心策略**

在为客户推荐的时候，尽可能为客户推荐至少两款同类型保健品，这样可以使客户从中选择。

**一流金口才 2**

销售人员："这款保健品性价比很高，在客户中也有很好的口碑，所以我才在第一时间为您推荐了这款。另外，我们柜台里还有几款保健品，它们的功效相当，但是价格有一定差异。您看您选择哪款，我再为您介绍一下。"

**攻心策略**

通过保健品的高性价比和良好口碑打消客户对所推荐保健品价格

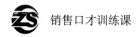
昂贵的误解，巧妙使用对比的方法给予客户自由选择的空间，使客户放心购买。

 **化解无效退货的要求，增强客户的信心**

销售人员热情地为客户推荐了性价比高的保健品，客户拿着手里的保健品，问道："如果这款保健品没有效果，你们能给我退换吗？"

**雷区1**："不可能马上见效的。"

【点拨】这种言辞具有很强的主观色彩，会让客户觉得保健品根本就没有功效。

**雷区2**："抱歉，保健品一旦卖出去，就不能退货了。"

【点拨】这种回复方式过于生硬，会加重客户的疑虑，打击客户购买的积极性。

**雷区3**："您用了之后，我保证会有明显的效果。"

【点拨】这种说法不严谨，随意给客户承诺会使销售人员处于被动状态。

功效是客户评价保健品的关键性因素。客户在购买时，通常会有这样的顾虑："如果没有效果，该怎么办？"如果药店能够承诺予以退换，那么客户的购物风险就降低了。

这时候，销售人员要注意以下几点：

（1）不要正面回答，而要强调保健品的效果因人而异；

（2）突出保健品的优势在于什么，为客户树立信心。

### 一流金口才1

销售人员："您尽管放心，咱们店里的所有保健品都是符合国家相关部门的管理规定的。您不妨告诉我您的具体症状，我会帮您确认这款保健品是不是适合您。只要您买的保健品是对症的，一般都会有一定效果。"

**攻心策略**

不要直接正面回答客户的此类问题，应该从科学的角度告知客户，保健品功效因个人体质的不同而存在差异。

### 一流金口才2

销售人员："我们店里的保健品在上市之前经过了科学检测和大量试用，客户口碑很好，您服用之后一定会满意的。"

**攻心策略**

通过科学事实说明保健品的功效和质量是有保证的，以此来打消客户对保健品的不信任感。

## 针对买产品送礼的客户，首先要问清送礼对象

一位客户来到保健品店选购，走来走去不停地对比，当销

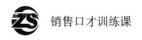 

售人员走上前去询问其需求时，客户问道："我购买保健品是用来送礼的，买哪款比较合适呢？"

**雷区1**："您要把保健品送给谁呀？"

【点拨】这种提问有打听客户隐私的意味，会引起客户的不满。

**雷区2**："您就买这一款吧，这款销量特别好。"

【点拨】这种介绍过于笼统，不够细致和专业，也难以打动客户。

**雷区3**："您要送什么价位的保健品？"

【点拨】客户在送礼时，有时并不会把产品价格放在第一位。

客户购买保健品用来送礼，并请销售人员进行推荐，是因为客户不知如何选择，希望获得专业建议。这就说明客户对于销售人员的专业性基本上是持肯定态度的，这就为促成客户的购买行为打下了良好的基础。

这时候，销售人员要注意以下几点：

（1）详细询问客户赠送对象的相关特征；

（2）根据客户的送礼对象，有针对性地为客户提出中肯的建议；

（3）推荐具有一定档次、有良好口碑且性价比高的产品，以体现出服务的专业性。

一流金口才1

销售人员："送礼送健康，您考虑得真贴心。您不妨告诉我您的送礼对象多大年纪了？您打算购买具有哪方面功效的保健品呢？我为您推荐几款适合的，您可以对比一下。"

 **攻心策略**

要开门见山地询问客户送礼对象的特征，然后再做出有针对性的推荐。

### 一流金口才 2

销售人员："您是要把保健品送给××呀，这一款非常适合。这款保健品是专门针对××人群研发的，能够×××。这款保健品销量很好，购买者大多都是回头客。您看，它的包装也非常上档次，您把它送给××，一定会很高兴的。"

 **攻心策略**

销售人员要根据赠送对象的体质特征，重点推荐那些性价比高、口碑良好、质量可靠的保健品，同时还要注意，产品的包装要有一定的档次。

### 一流金口才 3

销售人员："如果您是用来送给××的，那么这一款就非常合适。它在保健品中属于高端产品，是国际大品牌，有很好的口碑。您看，它的包装也非常精美。如果您现在购买，我们还可以赠送您一份小礼品，非常划算，您说呢？"

 **攻心策略**

销售人员要为客户推荐具有一定知名度的大品牌，这样会显得档次较高。

## 客观分析产品优缺点，帮助陷入两难的客户

客户来到店里选购药品，发现药店里的药品种类很多，既

有××药也有××药。他一时感到无从选择。

**雷区1**："您要不要两种都买下来？"

【点拨】这种说法不妥当，会增加客户的购买压力。

**雷区2**："想要哪一种，您说了算。"

【点拨】这种说法表面上看是尊重客户的选择，实际上销售人员并未进行专业介绍和指导，客户会对药店的服务品质产生怀疑。

如果客户为选择××药还是××药而难以抉择，销售人员先要了解客户的病症，然后秉承"疗效优先"的基本原则，在对症的前提下为客户合理推荐药品。

这时候，销售人员要注意以下几点：

(1) 明确向客户说明两种药品的优点和缺点，以及二者在药理上的区别；

(2) 探寻客户以前的用药状况，询问客户在药物选择上的主观偏好；

(3) 有针对性地为客户推荐合适的药品。

当客户陷入药品选择的两难境地时，销售人员要站在科学、客观的立场上帮助客户分析两种药品的优缺点，然后根据客户的病症、用药史以及主观偏好，为客户推荐。

**一流金口才 1**

销售人员："刚才听您说，您以前一直在服用××药，但是效果不太理想。我建议您尝试一下××药。现在，店里针对老客户提供××的服务，非常方便。"

**▌▌▌▌攻心策略**

针对长期服用某类药却效果甚微的客户，销售人员可以建议客户尝试另一种药并强调店内的服务，使客户感受到药店服务的周到细致，引起客户的购买兴趣。

### 一流金口才 2

销售人员："根据您刚才叙述的病症，建议您服用××药。应该选择疗效快的方法。而××药往往重在××，能够×××。您认为呢？"

**▌▌▌▌攻心策略**

销售人员在为客户介绍以后，还要注意应再次征求客户的意见。

### 一流金口才 3

销售人员："您很明显是××了，这是一款××结合的××药，您可以试试。它结合了××的调理功能以及××的快速去症功能，您服用了之后一定会很快见效的。"

**▌▌▌▌攻心策略**

对于部分病症，销售人员可以灵活地给客户推荐一些药物，这样可以取得更好的治疗功效。

 **不管是哪种产品，客户最关注的都是功效**

客户选购了一款药品，销售人员正在为客户详细地解释药品信息。过了一会儿，客户问销售人员："这款药属于××药还是××药？真的会有功效吗？"

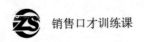

**雷区1:**"这款药功效不错,销量也很好。"

【点拨】销售人员在介绍药品的时候既要专业也要慎重,说话太随意容易失去客户的信任。

**雷区2:**"别管是××药还是××药,能治病就行。"

【点拨】客户是想具体了解药品的功效如何,这种说法显然没有抓住问题的关键。

**雷区3:**"如果效果不行,我是不会向您推荐的。"

【点拨】这种表达方式具有强烈的主观色彩,忽视了客户的感受。

客户在购买药品之前,会习惯性地希望得到销售人员对药品功效的承诺。销售人员要从药物对症、药物属性两个角度入手,科学地向客户介绍,使客户增强对药品的信心。

这时候,销售人员要注意以下几点:

(1)从药品对症的角度入手,增强客户信心;

(2)结合药品的成分和属性,说明药品功效明显;

(3)探询客户的选择偏好,告知客户药品各有优劣。

**一流金口才1**

销售人员:"无论药品属于××药还是××药,从功能上说都是用来治病的。这款属于××药,是专门用来改善××功能的,主要成分是××等,在客户中有很好的口碑。"

**攻心策略**

销售人员应通过疗效明显、客户口碑等因素使客户安心选购。

### 一流金口才 2

销售人员："这款药属于××药，非常适合您。您的××功能不好，适宜服用××药。您瞧，这款药提炼了××药的有效成分，精制而成，建议您可以先购买两盒试试。"

**攻心策略**

结合客户自身的症状，强调药品的亮点，坚定客户的购买决心。

### 一流金口才 3

销售人员："您以前服用过同类药品吗？这款药品最主要的特点是起效较快，服用也方便。而且这款药品非常符合您的病症，只要您按时服用，一定会有效果。"

**攻心策略**

通过叙述药品的对症和特点，打消客户疑虑，使客户安心购买。

 一旦产品不适合客户，销售人员一定要善意提醒

客户来到药店，直接对销售人员说道："我要购买××药品。"但是，销售人员通过询问客户的病症，认为客户打算购买的药品和客户当前的症状并不对症。

雷区 1："您为什么要购买××吃的药呀？"

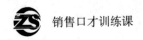 

【点拨】客户并非专业人士，有时并不清楚药品的适用年龄，销售人员的这种说法会让客户感到尴尬。

雷区2："您要买的药品不适合您的症状。"

【点拨】这种表达方式显得生硬而直接，销售人员应该先了解客户病症，再给出指导性意见。

雷区3："您以前用过这款药吗？效果怎么样？"

【点拨】销售人员在询问相关问题时要尽量简化，另外要注意说话的语气和措辞，以免引起客户不满。

市场上往往有针对同一病症的多款药品。客户由于自身专业的局限，所选择的药品可能与自身病症并不对应，或者对自己的症状该用什么药品并不了解，或者了解得不深入，只是一知半解；或者听人说某种药品好，而没想适不适合自己；或者弄混了不同药效的药品，选错了药品。

这时候，销售人员要注意以下几点：

（1）应善意地提醒客户药品的功效，并指出这种药品并不对症；

（2）应从专业的角度进行分析，使客户转变观念；

（3）向客户推荐更适合的药品时应详细说明理由。

如果客户想购买的药品并不能缓解其症状，销售人员首先要从专业角度进行善意提醒，深入分析客户想购买药品的功效与其症状有何差异，最后再为客户推荐更合适的药品。

**一流金口才1**

销售人员："您××的毛病现在好些了吗？您上次服用的药品效果不理

想吗？现在怎么要调换药品呢？您上次购买的那款是纯××制剂，才服用了一个疗程，我建议您再服用一个疗程，看看效果再做决定，您认为呢？"

**▌▌▌▌攻心策略**

先耐心询问客户要求调换药品的原因，再结合药品特性，从专业角度对客户进行劝导。

### 一流金口才 2

销售人员："我发现您一直在××，这有可能是由于××而引发了××。您刚才提到的药品是治疗××的，您有××的症状吗？如果没有，我推荐您试试这款，这款可以治疗××。"

**▌▌▌▌攻心策略**

结合客户的症状，为其提供专业的建议。

### 一流金口才 3

销售人员："您是要为自己的孩子购买药品吗？这个柜台上的药品都是专门治疗儿童疾病的。您的孩子几岁了？主要症状是什么？我给您推荐一下。"

**▌▌▌▌攻心策略**

热情询问用药者的年龄和症状，然后再有针对性地推荐药品。

 **了解客户的基本需求，有针对性地展示待销产品**

几位客户结伴来到了保健品店，销售人员热情地迎了上去，询问客户有哪些具体的需求。可是，其中一名客户说道："我是

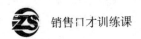
陪我的朋友过来的，我前几天刚买过，这次就不买了。"

**雷区1**："反正这款保健品价格不贵，您再多买几盒也没有关系。"

**【点拨】** 如果销售人员不了解客户的内心想法，仅仅用价格低是难以说服客户的。

**雷区2**："哦，原来您已经购买过了，那您再看看其他的吧。"

**【点拨】** 销售人员这样应答显得过于消极。客户以前的购买行为体现了其对保健品的关注和认可，销售人员应该充分认识到这一点，巧妙地向客户推荐其他保健品。

**雷区3**："这款保健品可是刚刚进入市场销售的呀。"

**【点拨】** 销售人员直接戳穿客户拒绝购买的借口，会使客户陷入尴尬境地。

客户说前几天刚买过保健品，这就从侧面说明客户可能经常使用保健品，具备一些保健品常识，这次客户选择不再购买，极有可能是上次购买的保健品还没有吃完。

这时候，销售人员要注意以下几点：

（1）应充分肯定客户之前的购买行为，充分肯定其对身体的重视；

（2）应通过询问以前购买保健品的基本情况，从侧面探求其需求；

（3）突出某种保健的特点，将保健品展示给客户。

**一流金口才1**

销售人员："您之前购买过保健品，看来您的保健意识真强啊！那么，您之前选购的是哪款保健品呢？用完感觉效果如何？"

**▌▌▌攻心策略**

充分肯定客户的保健意识，赞美客户眼光长远，这样可以无形中拉近自己与客户之间的关系。另外，通过询问客户以前购买保健品的相关信息，可以从侧面了解客户的内在需求和选择偏好，这就为后面有针对性地推荐打下了基础。

**一流金口才2**

销售人员："哦，您购买过这款保健品呀！怪不得我觉得您看起来这么眼熟呢！感谢您对本店的支持！您上次买的保健品快吃完了吧？现在正赶上国庆假期，店里搞活动，优惠力度很大，销售价格比平时低了30%呢，今天您可以考虑再购买几盒。"

**▌▌▌攻心策略**

肯定老客户对本店的支持，可以提高客户对店铺及产品的好感度；通过促销价格和平时价格的对比，激发客户的购买欲望。

**一流金口才3**

销售人员："您之前选购的保健品是大品牌，效果不错，为您的保健意识点赞！现在，我们店里有一款新上市的保健品，也是大品牌，还可以跟您之前购买的保健品的功能上实现互补，我拿一盒，您先看看。"

**▌▌▌攻心策略**

要充分肯定客户以前选购的保健品，再巧妙地利用待销保健品和客户已经购买的保健品在功能上的差异性，把新款保健品推荐给客户。

## 综合运用销售技巧，说服认为价格昂贵的客户

一位客户主动向销售人员说明自己的病情，并且请销售人员推荐合适的保健品。销售人员热情地为客户推荐了几款保健品，可是客户在了解价格后，皱着眉头说道："这些保健品价格太贵了，我负担不起呀。"

**雷区1：**"这个柜台上的保健品都比较便宜，您可以从这里选购。"

**【点拨】**这种说法有轻视客户的嫌疑。

**雷区2：**"价格是公司定的，我也没有办法。"

**【点拨】**这种回复方式消极、绝对。

**雷区3：**"您现在就购买吧，我们还可以赠送您一个礼品。"

**【点拨】**这种表达方式不严谨，会明显降低礼品的价值，还带有催促客户购买的色彩，容易引起客户的反感。

**雷区4：**"这个价格可不算贵呀。"

**【点拨】**这种说法有轻视客户支付能力的嫌疑，会引起客户的不满。

客户由于保健品价格问题而放弃购买，主要是保健品价格、客户心理价位和客户可支付价格三者之间出现了较大悬殊导致的。大概分为三种情况：一是客户可支付价格低于保健品价格，客户无经济能力购买，

试探降价空间，等待确认最低价格；二是客户心理价位低于保健品价格，认为保健品价格过高；三是客户心理价位低于可支付价格，客户无购买打算，仅以价格贵为借口。

客户由于保健品价格昂贵而放弃购买时，销售人员可以巧妙地采用一些技巧来说服客户，如产品比较法、礼品补偿法和平摊价格法等都是行之有效的销售方法。

这时候，销售人员要注意以下几点：

（1）在客户具备支付能力的情况下，销售人员要努力消除价格异议；

（2）在客户支付能力不足的情况下，要适当让价或者赠送小礼品来弥补差价；

（3）在客户购买意愿不明显的情况下，销售人员要重点介绍保健品亮点，激发客户购买意愿。

### 一流金口才1

销售人员："您说得没错，这款保健品价格的确是贵一点。但是，这款保健品的一个疗程是××，这样算下来您一天只要花费××元就可以了。每天花×元就能够更好地保障身体健康，这不是很划算的事情吗？"

#### ▌▌▌攻心策略

巧妙运用平摊价格法，站在客户的立场上，为客户算一笔实实在在的经济账，把保健品的价格平摊到每一天之中，从而弱化客户对保健品价格的过分关注，坚定客户的购买决心。

### 一流金口才2

销售人员："这款保健品的价格的确稍微高一些，但是从整体上来看，这款保健品的性价比是最高的。您花钱是为了使自己的健康更有保

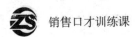 

障，因此保健品的功效才是最重要的。这款保健品是大品牌，在客户中口碑极佳，您可以放心选购。"

 **攻心策略**

把保健品和客户的身体健康紧密联系起来，强调保健品的高性价比，坚定客户的购买决心。

**一流金口才 3**

销售人员："这个已经是打了××折以后的价格了，在此之前保健品都是按照原价出售的。这款保健品销量特别好，如果您现在购买，我们还会赠送您一瓶××，不少老客户都是一次性购买好几个疗程的呢。所以它的价格不会降，只会继续涨，现在买特别划算。"

**攻心策略**

利用促销活动和赠送礼品等形式，激发客户的购买兴趣，使客户觉得物有所值，从而下定决心购买。

## 采用选择式提问方法，解决客户的犹豫不决

店里的保健品种类繁多，令客户一时感到难以抉择。销售人员热情地为客户推荐了好几款，可是客户都不满意。

**雷区 1**："难道您一款都没有看中吗？"

**【点拨】**这种语气中包含着抱怨的情绪，会引起客户不满。

**雷区2**："店里的保健品种类丰富，我可以再为您推荐一款。"

【点拨】销售人员在弄清楚客户犹豫不决的原因之前，尽量不要再贸然向客户推荐，这样会使客户更加难以抉择。

**雷区3**："您到底想买哪一款？"

【点拨】这种言辞有明显抱怨客户的意味，销售人员应该始终保持热情和耐心。

客户始终没有购买，这就反映出客户并不明确自身需求，同时，也从侧面说明客户在保健品选购方面比较谨慎，因此才会对保健品的价格、成分和功效等指标进行反反复复的比较。

一般来说，客户不满意销售人员的推荐大概有三方面的原因：一是选择太多，不知如何购买；二是不知道哪一款最适合，无法做出决断；三是客户有逆反心理，认为销售人员推荐的保健品价格贵，质量不好。

针对在选购过程中犹豫不决的客户，销售人员要巧妙地采用选择式的提问方法，分析客户的疑虑，并及时为客户提供专业建议，这样才能促成交易。

这时候，销售人员要注意以下几点：

（1）应热情服务，探询客户犹豫不决的原因所在；

（2）应细致引导，找出客户满意的解决方式；

（3）应打消客户疑虑，加强客户购买意愿。

**一流金口才1**

销售人员："我们店是很多知名品牌的代理商，保健品种类丰富，

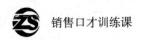

您一时感到无从选择也是正常的。根据您刚才的描述，我认为这两款保健品都很适合您，这两款的功能相辅相成，可以搭配服用。如果您购买两款，我们还会赠送您两盒小包装的保健品，比单买要合算。"

**▌▌▌▌攻心策略**

客户面对种类繁多的保健品，一时感到难以抉择，这首先说明该店规模大，销售人员可以借此介绍一下门店在信誉、品牌和规模上的优势；站在客户的立场上，做出合理化的推荐，最后以赠送礼品的方式吸引客户购买。

**一流金口才2**

销售人员："很抱歉，没有帮您选到中意的保健品。您可以再看看，如果找到合适的就随时叫我。我就在那边的柜台旁边，随时准备为您服务。"

**▌▌▌▌攻心策略**

对于过于挑剔的客户，销售人员要有足够的耐心，要给予客户自由选购的空间；此外，销售人员不要离客户太远，要随时观察客户的动作和表情，以便为下一步的销售工作做好准备。

**一流金口才3**

销售人员："我建议您尝试一下这款保健品。它是专门针对××人群研制的，与您的症状十分吻合。它不但能够高效地补充××，还能够促进××，整体功效非常理想。"

**▌▌▌▌攻心策略**

只要用心，总能找到客户的需求点。通过重点介绍保健品的亮点和优势，激发客户的购买意愿。

# 第五章

# 解决客户的疑问，
# 扫清销售过程中的障碍

　　销售人员介绍完产品之后，客户不一定会马上购买，可能还会提出一些问题。为了有效处理客户的疑问，销售人员在接待客户时，必须循循善诱。所谓的循循善诱，就是指引导。引导不是欺骗客户，而是使客户把心中的疑虑说出来，然后加以解答。而且越是客户疑虑的地方，销售人员越要加以引导，使客户认识、了解产品，从而放心地购买。

**告知药品的成分与功效，打消客户对不良反应的担心**

一位客户来到药店选购药品，告诉销售人员打算为孩子购买一款治疗××的药品。销售人员在询问了孩子的症状后，为客户推荐了一款对症的药品，这时客户略带忧虑地问道："这种药的主要成分是什么？不会使人体产生不良反应吧？"

**雷区 1**："药物成分在说明书上呢。"

【点拨】这种答复方式太消极。客户是非专业药理人员，销售人员应该对药物成分进行详细解释。

**雷区 2**："我们的药品都有相关部门的批文，质量没问题，也不会有不良反应。"

【点拨】这种说法是不专业的，也与事实不相符，容易失去客户的信任。

**雷区 3**："只要是药品，就会有副作用。"

【点拨】这种说法实际上把重点放在了副作用上，会加重客户的担心，使客户无法平衡看待该问题。

一般情况下，客户缺乏相对专业的药理知识，仅凭药品说明书很难对药品有更深入、全面的了解。所以，往往会对药品的成分、不良反应

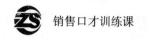

等问题格外关注。

当客户询问药物成分和不良反应的时候，销售人员一定要客观、全面、耐心地予以解答。客户对药品了解得越全面，就会越安心，也就更有利于促成交易。

这时候，销售人员要注意以下几点：

（1）要明确告知客户药品的成分；

（2）要重点介绍药品的功效，使客户树立起对药品的信心；

（3）要热情服务，耐心解答客户的疑问。

### 一流金口才1

销售人员："这是一款采用最新配方研制开发的××药品。尽管这款药品的成分听起来比较陌生，不过其主要来源其实就是××和××。您闻闻，这款药品没有开封，但是隔着厚厚的包装袋还是能闻到一股淡淡的味道。"

**攻心策略**

当为客户介绍药品成分的时候，应当使用通俗的话，这样客户更容易理解；还可以主动邀请客户看看、闻闻，打消客户的担忧。

### 一流金口才2

销售人员："您瞧，这是药品的说明书，上面详细记录了药品的成分。孩子在用药的时候要注意不要吃生冷食物，用药×天以后，症状一般就会有所缓解了。"

**攻心策略**

强调药品成分，使客户安心；温馨提示客户用药期间的饮食禁忌，体现服务的周到和细致，赢得客户的好感。

一流金口才 3

销售人员："药品在上市之前都会经过药监部门严格的检验和临床测试。就算药品有轻微的不良反应，也在可控、允许的范围内。俗语说'是药三分毒'，由于个人体质的差异性，副作用的表现也不同。药品说明书中对此也做了详细的解释，您可以看看。"

▮▮▮▮ 攻心策略

销售人员要向客户强调，所谓的不良反应是在允许的范围内的；还要充分利用说明书给予客户更详细的解释，使客户安心。

## 治病不能急于求成，告知客户要循序渐进

客户选购了一款药品后询问销售人员药品的服用方法。当销售人员告诉客户药品的疗程是××的时候，客户皱着眉头说道："疗程太长了。"

**雷区 1**："这款药品的疗程并不算长。"

【点拨】这种直接否定客户的说法，不但难以说服客户，而且会令客户反感。

**雷区 2**："您是不是感觉长期服用会增加您的经济负担？"

【点拨】这种直接谈论金钱的做法，不但可能会误解客户的意思，还会把客户置于尴尬境地。

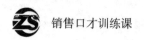

客户在选购药品的时候，在药物疗程上往往会有三种考虑：一是见效时间；二是是否会对人体造成不良反应；三是药物价格，如果药物价格昂贵，会使得客户的经济负担增大。

这时候，销售人员要注意以下几点：

（1）要耐心劝解客户，治病要循序渐进，不能操之过急；

（2）明确告知客户要谨遵医嘱，特别是治疗慢性病，更不能急于求成；

（3）每种药品都会有相对稳定的疗程，必须按照疗程服用才能治愈疾病。

### 一流金口才 1

销售人员："俗语说'病来如山倒，病去如抽丝'。您的病症属于慢性疾病，需要调理一段时间，因此疗程会比较长。这款药品副作用小，推荐给您。"

**攻心策略**

站在客户的立场上，设身处地地为客户着想，使客户转变思想观念，接受疗程长、去根治疗的方式。

### 一流金口才 2

销售人员："这款药是专门针对××病研制开发的，之所以疗程比较长，主要是由于药性温和。经过长时间的临床验证，长期服用这款药是安全的，您尽管放心服用。"

**攻心策略**

耐心向客户说明药物疗程较长的原因，凸显出销售人员服务的专业性，使客户更乐意接受这种治疗过程。

销售人员："虽然您感觉疗程长，但是您的症状与这款药物的疗效非常符合，您刚才也提到，医生是建议您服用这款药，再加上您平时辅助做物理治疗，相信您很快就能康复，您认为呢？"

▌▌▌▌ 攻心策略

在向客户推荐药品之前，要对客户的病症与用药经历有所了解，这样才能更加科学、合理地为客户推荐药品，客户也才会更加信服。

# 凸显产品各自的特色，使客户认清差异，科学抉择

客户打算为自己的母亲选购一款××药品，经过销售人员的推荐，最终客户锁定了三款药品，却始终无法决定选购哪一款。他最后问销售人员："这三款药品名字都差不多，它们有什么区别呢？"

雷区1："其实这几款药品差不多。"

【点拨】这种表达方式无法解决客户的疑问。

雷区2："虽然名字差不多，功能却有很大差别。说明书上都有，您可以自己看看。"

【点拨】这种沟通方式明显是在敷衍，没有为客户提供专业、周到的

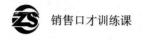 

指导和服务。

**雷区3**："我这就为您介绍，××药品……××药品……（全面细致地介绍两种药品）。"

【**点拨**】销售人员在介绍药品区别的时候一定要抓住重点，尽量用简洁有效的语言说明。如果向客户介绍大量相似的信息，客户是很难区分的。

客户一般不具备全面的药理学知识，而且有的药品是以其化学成分来命名的，这样客户在理解和区分各种药品的时候就更困难了。

这时候，销售人员要注意以下几点：

（1）应采用对比的方法，凸显出各款药品的特色；

（2）应尽量采用非专业性术语进行阐释；

（3）应介绍药品的成分，为客户答疑解惑。

**一流金口才1**

销售人员："这类药品大部分都是以其主要成分的化学名称来命名的，因此它们的名字听起来都差不多。但是，它们的功效还是有很大差别的，这款主要是治疗××的，那一款主要是治疗××的，您想要购买哪种功效的？"

▍▍▍▍**攻心策略**

对于药品成分，销售人员不必过多说明，但是要对每款药品的功效差异做详细介绍；在此基础上，销售人员还要询问客户的需求，再针对性地向客户进行推荐。

**一流金口才 2**

销售人员："尽管这两款药品的名字非常接近，但是它们的功效有很大差别。左边这一款是用来治疗××的，符合您的需求；右边那一款是用来治疗××的。"

▌▌▌ **攻心策略**

通过"左边""右边"等方向性词语可以更加准确地区分药品，防止客户由于药品名称相似而混淆。在介绍药品区别的时候要抓住重点，语言简洁，使客户容易理解。

 **一流金口才 3**

销售人员："您选择的这两款都属于××药，尽管名称不同，实际上成分和功效却很接近。您选择其中一款就可以了，无须全部购买。"

▌▌▌ **攻心策略**

对于功效相似或者相同的药品，销售人员要明确告知客户无须重复购买。这样既能体现服务的细致和贴心，又能赢得客户的信赖。

## 如果客户是过敏体质，推荐产品时要更加慎重

一位客户来到店内，选好了一款对症的药品。就在要购买的时候，他问销售人员："我是过敏体质，这种药品过敏体质的人能够服用吗？"

雷区 1："您大可放心，这款药品绝对不会引起过敏。"

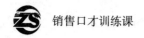 

【点拨】这种说法是对客户的不负责任，甚至有可能引发严重后果。

雷区2："我也不知道这款药品对于过敏体质是否适用。"

【点拨】这种表达方式不够专业，既不能为客户解惑，又无法提出合理化的解决措施。

雷区3："既然您这么说，那么您还是到正规医院去买药吧。"

【点拨】这种回复方式过于消极，不利于树立药店的专业形象。

由于个人体质的差异性，人们服用药品后的反应也有很大差别。所以，销售人员在为客户推荐药品的时候就要更加慎重，防止由于用药不当而对客户的身体造成损害。

面对过敏体质的客户时，销售人员一定要详细询问客户的过敏史，在推荐药品的时候，要坚持科学、合理、慎重的原则，使客户感受到服务的专业性和细致性。

销售人员要注意以下几点：

（1）应耐心询问，依据情况灵活地处理；

（2）应细心解答客户的问题，如果有条件要为客户做过敏测试；

（3）对于客户慎重购买的行为要予以肯定，然后明确告知客户答案，并向客户说明原因。

**一流金口才1**

销售人员："过敏体质的人对于药品的敏感度要高于常人，您是第一次购买这款药，为慎重起见，建议您一定要在专业医师的指导下购买，不要盲目选购。"

▌▌▌▌ 攻心策略

要向客户说明过敏性体质的人必须在专业医师的指导下购买药品，主动引导客户咨询专业医师。

### 一流金口才 2

销售人员："这款药品含有××成分，如果您不清楚自己是否对××过敏，那么建议您到正规医院做皮试。如果您对××过敏，我们可以换一款药，这样更为妥当。您认为呢？"

▌▌▌▌ 攻心策略

向客户说明药品里的成分。如果客户并不清楚自己是否对这种成分过敏，那么就要建议客户到医院做检查，这样才是对客户负责任的处理方式。

### 一流金口才 3

销售人员："过敏体质者往往对口服药品的过敏反应轻得多，因此，建议您应该首先考虑购买口服药品。您选择的这款药品是专门为过敏体质人群研制开发的，除了含有常规成分以外，还特意加入了抗过敏元素，这就大大降低了过敏发生的可能性。"

▌▌▌▌ 攻心策略

明确告知客户该款药品是否有过敏成分，从而体现销售人员推荐药品的专业性和合理性。

 **详细询问用药禁忌，表明客户购买意愿很强烈**

客户在药店选购了一款药品，他问销售人员："这种药品服

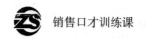 

用期间在饮食方面有什么特殊要求吗？有什么禁忌吗？"

**雷区1**："这款药品没有任何饮食禁忌。"

【点拨】这种答复方式过于随意，有敷衍客户之嫌。

**雷区2**："关于饮食禁忌，说明书上写得很详细，您自己看吧。"

【点拨】这种表达方式会降低客户的购买热情，甚至造成客户流失。

**雷区3**："饮食禁忌很多，我短时间也跟您说不清楚。"

【点拨】这种说法既没有打消客户的疑虑，也没有为客户提供合理化意见，会令客户对销售人员的服务水平产生怀疑。

客户在购买药品的过程中，询问服药期间有无饮食禁忌，是为了避免引起不良反应，使药效得到更好发挥。

客户详细询问用药禁忌，恰恰表明客户具有强烈的购买意愿。销售人员在为客户分析的时候，要突出重点，引起客户重视。

一般来说，服药期间要控制饮食，注意能否与其他药品同时服用，注意作息事项，比如，忌吃生冷、油腻、辛辣等刺激性食物，忌与同类、相排斥的药品一同服用，忌吸烟、饮酒、熬夜等生活习惯。

这时候，销售人员要注意以下几点：

（1）应进行客观地分析，打消客户疑虑；

（2）对于饮食禁忌，在全面提示客户的同时还要突出重点；

（3）应充分利用药品说明书为客户生动讲解。

## 销冠特训营

### 一流金口才 1

销售人员："服用这款药品期间，对饮食并没有特殊要求，您只要注意××××、避免暴饮暴食就可以了。此外，尤其值得一提的是，您一定要少吃×××××的食物，这有助于更好地发挥药效，也有利于您的身体健康。"

#### ▌▌▌▌攻心策略

在服药期间，即便无须特别控制饮食，也要明确告知客户；此外，还要为客户的饮食提供合理化方案，提升服务的专业性。

### 一流金口才 2

销售人员："先生，在服用这款药品期间，在饮食上您要特别注意一下，具体的饮食禁忌已经在说明书中详细介绍了，特别提示您不能××，也不能××。"

#### ▌▌▌▌攻心策略

充分发挥药品说明书的作用，在为客户介绍饮食禁忌的时候要突出重点。

### 一流金口才 3

销售人员："在服用这款药品期间，您无须节食，但不能××。药品说明书中详细介绍了饮食的注意事项，我已经用红笔为您标注出来了。您按照说明书上的服用方法坚持服用，一定会取得满意的效果。"

#### ▌▌▌▌攻心策略

在药品说明书中用红笔标注出饮食禁忌，能够引起客户的重视；采用积极联想法设想客户服用后的效果，提高客户满意度。

# 详尽说明生产厂家，以证明产品值得信赖

一位客户选好一款适合自己的药品后，向销售人员询问："这款药品的产地是哪儿？能保证质量吗？"

**雷区1**："这款药品的质量是可靠的，您可安心服用。"

**【点拨】** 上述说辞没有拿出有力的证据，不具备可信性，客户会认为这是一种固定的销售"套路"。

**雷区2**："这款药品是由××生产的。"

**【点拨】** 上述说法太过简单，假如客户对生产厂家不甚了解，就无法打消其对产品质量的怀疑。

**雷区3**："某某明星代言过这款产品，质量是没有问题的，您可安心服用。"

**【点拨】** 在不了解客户情况的时候，把明星代言作为消除客户疑虑的砝码，无法有效说服客户。

行家如是说

药品的疗效和优劣与生产厂家和品牌有很大的关系。如果客户咨询药品生产厂家的话，这不仅说明客户关心产品的质量，而且说明客户在选购时认准大品牌、认准老字号、认准大厂商；希望药品质量可靠、疗

效显著，服用后无不良反应；害怕花冤枉钱、害怕上当受骗。

对于那些既不知道药品的生产厂家，又对药品持怀疑态度的客户，销售人员更应该耐心讲解产品来说明药品是值得信赖的，以此来取得客户对产品的信任。

这时候，销售人员要注意以下几点：

（1）要对生产厂家进行详尽说明，充分利用产品包装给客户讲明白；

（2）要利用现有的证书和资质等，证明厂家的权威性；

（3）要利用其他客户服用过产品后的感受和体会去讲解。

### 一流金口才1

销售人员："请您翻看包装盒的反面，这一区域清楚地注明了此药品的生产厂家和研发机构。这款药品已有多年历史，它是大品牌，口碑又特别好，您可以大胆选购。"

#### 攻心策略

告诉客户药品盒上的生产厂家，并明确解释详细内容。拿药品的大品牌、好口碑等特点分析其可靠性，打消客户的忧虑。

### 一流金口才2

销售人员："这款药品是××厂家生产的，在咱们这里还处于推广阶段，您也许还不了解。在这款药品销售的这一段时间，客户反响不错，您可以买两盒试试。"

#### 攻心策略

倘若客户对生产厂家不了解，那么销售人员就要详尽地阐述缘由，并利用购买药品的客户真实、有利的反馈，激发客户的购买兴趣。

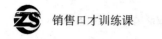

**一流金口才3**

销售人员："您应该听说过这个生产厂家，我们的药品就是××厂家生产的。本药品在行业极具权威性，口碑很好，药品的整个生产流程也是较先进的，况且这款药品现已销售多年了，质量也是非常有保证的。"

**攻心策略**

对于那些大多数人都了解的大厂家，销售人员可以利用权威和生产流程来证明药品的质量已达到客户的要求。

## 真诚服务、合理解释，解决客户想要换包装的难题

一位客户来到店内选购保健品，在选中了一款比较满意的产品后，转头对身后的销售人员说道："这款保健品我是用来送人的，您能不能给我换一个新包装？"

**雷区1**："对不起，包装都是一配一的，没有可以换的。"

**【点拨】**这样直接拒绝很容易降低客户的购买热情。

**雷区2**："还要新包装干什么？这个就挺好的。"

**【点拨】**这种回答并不礼貌，且没有足够的说服力让客户放弃索要新包装。

**雷区3**："您想要新包装呀？可我做不了决定，我只是个销售员而已。"

【点拨】这种回答容易让客户认为这是销售人员敷衍自己的借口，会引起客户的不满。

客户把保健品作为礼物送给别人时，往往都会特别注重外观和包装。包装设计上档次，显品位，客户会感觉有面子，这也在无形中提升了产品的价值。

面对要求更换产品包装的客户，不管销售人员能否为其更换包装，都要真诚服务、合理解释，使客户觉得合情合理，乐意购买。

这时候，销售人员要注意以下几点。

（1）当能够更换新包装时，态度一定要明确、痛快，不要吞吞吐吐；要重点介绍新包装的大气、漂亮，显示出新包装的档次。

（2）当不能更换新包装时，态度要客气、委婉；要重点介绍原包装的品牌和标志，凸显出原包装是经典款式。

**一流金口才1**

销售人员："这种包装礼盒看起来特别精致，不少客户都很喜欢这款礼盒包装。但这个包装礼盒是收费的，您是我们的老客户了，我就免费赠送您一个吧。您以后有什么需要的，欢迎再来。"

▎▎▎▎**攻心策略**

销售人员要先重点强调新包装的高端大气，然后再通过免费赠送来赢得客户认可，争取让客户下次再来购买。

**一流金口才2**

销售人员："真是抱歉，这款保健品没有额外的包装盒了。您看，这

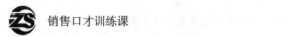
款保健品包装盒的显著位置印着品牌的标志，我感觉这样更能够表现出您送礼的诚意，您认为呢？"

**攻心策略**

通过介绍原包装的提手和品牌标志，弱化客户对新包装的渴望，从而乐意接受原包装。

**一流金口才3**

销售人员："我理解您的意思，您希望能够换一个更新的包装对吧？但这款保健品在出厂的时候包装盒就是配套的。您刚才可能注意到了，这盒保健品是我刚刚从库房拿来的。在库房中，盒子上落下点灰尘是难以避免的，我这就拿布为您擦拭一下，看起来就跟新的一模一样了。"

**攻心策略**

如实向客户介绍保健品和包装是一一对应的，再通过清洁的方式，使包装亮洁如新，有效地解决客户想要更换包装的难题。

 **注重介绍产品的使用方法，打消客户怕麻烦的疑虑**

客户在药店试用一款保健仪器，也许是第一次操作，对操作程序不太熟悉，颇费了一番周折才学会。客户感叹道："这个仪器的操作太麻烦了，我怕买回家后自己不会用。"

**雷区 1**："这款仪器的操作并不复杂呀。"

【点拨】这种过于直白的表达方式无法解决客户的实际问题。

**雷区2：**"操作复杂的原因主要是我们的仪器功能比较强大。"

【点拨】操作复杂和功能强大之间并没有直接的联系。

**雷区3：**"操作一共分为三步，这还算得上复杂吗？您刚才提到的一步式操作仪器在市场上已经没有了。"

【点拨】这种表达方式缺乏专业性，把客户置于一种尴尬境地。

人们对任何新事物的认识都是一个循序渐进的过程。客户在第一次使用新的保健仪器的时候，难免感到麻烦，从而引发对购买后能否顺利使用的担忧。而最直接有效的方法就是为客户演示操作过程，尽快让客户熟悉保健仪器的操作流程。

这时候，销售人员要注意以下几点：

（1）用通俗易懂的语言耐心讲解；

（2）充分利用说明书，对于关键步骤进行演示；

（3）通过操作技巧进一步简化操作步骤，强化客户记忆。

**一流金口才1**

销售人员："也许是因为您第一次操作，所以觉得稍微有些麻烦。实际上，只要记住这两个步骤就可以了。先看这个红色按钮，这是开关，再看下面这三个黑色按钮，它们代表的是三种不同的按摩模式，您只要选择自己中意的那种按摩模式就可以了，简化来说就是'红色按钮是开关，黑色按钮三选一'。"

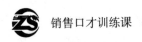 

### ▍▍▍▍攻心策略

为客户演示，逐步讲解，使客户尽快熟悉仪器；巧用顺口溜，既可以化繁为简，又可以使客户感受到销售人员服务的细致和周到。

### 一流金口才 2

销售人员："这款保健仪器功能很多，最引人注目的就是增加了三个按钮，这三个按钮能够用来调整仪器的形态，以和人体的不同姿势相适应。每个按钮的作用我们在说明书中已经为您标注出来了，您只要多用几次，很快就能得心应手了。"

### ▍▍▍▍攻心策略

保健仪器功能强大，操作起来必然稍微复杂些，这就巧妙地把仪器劣势转化为优势；巧用说明书，鼓励客户多次使用，熟能生巧。

### 一流金口才 3

销售人员："抱歉，这是我没有向您介绍清楚。这款保健仪器为了便于操作，专门设计了一步式操作，您看，只要按下面这个黑色按钮，仪器就会自动运行起来，不用再进行其他操作了，您可以在使用时听会儿音乐或者看看书，时间一到仪器就会自动停止运行，非常方便。"

### ▍▍▍▍攻心策略

注重介绍仪器的一步式操作，并巧妙运用联想销售法刺激客户的购买行为。

 **面对客户朋友的质疑，消除误解时要有说服力**

客户来店内购买保健品，销售人员热情地为客户提供帮助，

客户却对销售人员说："我朋友曾经购买过这款保健品，她说功效并不明显。"

**雷区1**："我们这款保健品功效很不错，您就放心吧。"

**【点拨】**这种直接否定客户言辞的说法，会将客户置于尴尬境地。

**雷区2**："哦，是这样吗？"（随即沉默）

**【点拨】**沉默意味着默认，这对促成交易是极为不利的。

**雷区3**："这不可能，您可不要随便听别人的话。"

**【点拨】**直接否定客户的言辞，会引起客户的反感；质疑客户朋友的意见，也会引起客户的不满。

客户在选购保健品的时候，也许会提到自己的某位朋友说这款保健品无效，这有以下几种可能：可能是客户对保健品功效认识不清晰；可能是朋友真的用过了却没有效果；有可能是客户用来试探能否降价的理由。在面对这种情况时，销售人员在消除误解时要客观，在解释原因时要有说服力，这样才能获得客户的信任。

这时候，销售人员要注意以下几点：

（1）要耐心询问客户，弄清客户是不是存在什么误解；

（2）向客户介绍产品效果因人而异；

（3）以委婉的方式点破客户的借口，使客户放弃让产品降价的想法。

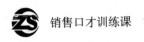

### 一流金口才 1

销售人员："您朋友是什么时候用过这款保健品的？是不是存在什么误会呀？您也许不知道，市场上存在四款同种类型的保健品，它们在外观上看起来都差不多，非常容易混淆。咱们这款保健品在包装盒的显著位置有明显的品牌标识，而且口碑好，销量大。"

**▐▐▐▐ 攻心策略**

用询问的方式切入话题，巧借类似保健品较多，客户容易混淆不清的说法，对误会进行巧妙解释。

### 一流金口才 2

销售人员："这款保健品对您朋友没有效果，真是非常遗憾。实际上，每个人对于保健品的反应都有所差别，效果因人而异。这款保健品是我们店里的明星产品，建议您先买一盒试试，您认为呢？"

**▐▐▐▐ 攻心策略**

销售人员首先要向客户传达"保健品效果因人而异"的观点；其次重点介绍这款保健品的优势所在；最后再用征询的语气建议客户购买试用。

### 一流金口才 3

销售人员："这款保健品刚刚上市一个月左右，这是质检报告单。您朋友不会在几个月前就服用过这款保健品，这中间一定存在什么误会。这款保健品刚刚上市就非常火爆，我们店正举办促销活动，如果您现在购买，我们还会赠送您一份小礼品。"

**▐▐▐▐ 攻心策略**

巧妙借用保健品上市时间，委婉地道破客户的说辞；再通过销售情况和店内优惠活动激发客户的购买兴趣。

 ## 强调积分比促销更优惠，减少客户对促销的关注

客户在药店自由选购药品，当他浏览到货架上的某款药品的时候，问身边的销售人员："国庆节期间，一般药店都会有各种打折优惠活动，你们店里怎么没有任何优惠活动？"

**雷区1：**"就算没有促销活动，我们药品的价格也不贵啊。"

**【点拨】** 这种回复方法显得过于笼统，难以说服客户。

**雷区2：**"一分价钱一分货，促销药品的功效都有问题。"

**【点拨】** 这种言辞明显有诋毁其他药店的意味，无法显示出销售人员的专业性。

**雷区3：**"促销是公司管理者决策的，我也没有办法。"

**【点拨】** 这样的回答很消极，客户会觉得销售人员是在敷衍自己。

客户询问店里为什么没有促销活动，实际上是客户想得到更加优惠的价格。这种类型的客户的购买行为会在很大程度上受促销活动的影响。

这时候，销售人员要注意以下几点：

（1）耐心地为客户解释原因；

（2）转变客户过分看重促销活动的观念；

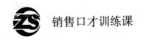 

（3）注重介绍药品的实际价值，淡化药品价格。

### 一流金口才 1

销售人员："您通过浏览可能也发现了，咱们店里的药品价格并不高于其他药店优惠后的价格。我们并不是没有促销活动，而是通过这种方式让客户在日常的购买中得到实实在在的优惠。"

**攻心策略**

重点介绍本店药品的价格都非常合理、实在，不需要进行促销。

### 一流金口才 2

销售人员："一般情况下，那些毛利润比较高的单一药品才会搞促销活动，从表面上看优惠力度不小，实际上您并没有享受多少优惠。与此相反，我们药店尽管没有促销活动，但是药品种类齐全，哪怕是一瓶眼药水，我们也会给您折合成积分。到了年底，您的这些积分可以兑换礼品或者药品，到最后比促销活动的优惠力度还大呢。"

**攻心策略**

促销药品定价本来就高，而且品类单一；积分兑换礼品或药品的政策，客户更能得到实惠。

### 一流金口才 3

销售人员："药品的真正价值在于其产生的功效，这款药品就非常适合您的病症，尽管现在的价格比促销价格贵几元钱，但是，您买得放心，这样不是也很划算吗？"

**攻心策略**

转移视线，使客户更加关注药品的实际功效。

# 第六章

# 客户提出的异议越多，越利于交易的促成

世界上没有完美无缺的产品，更没有完全符合客户需要的产品。当客户对产品感到不够满意时，就会提出各种各样的异议。作为销售人员，要辩证地看待这个问题，要认识到这是促成交易的良机。如果及时把握住这个机会，排除客户心存的异议，就不难达成交易。

**强调产品功效，弱化"不能治病"的影响**

销售人员耐心、细致地向客户介绍保健品的相关知识，客户却对此不以为然，说道："你说得很有道理，但是保健品毕竟不能治疗疾病，我不买。"

**雷区1：**"您从名字上就可以看出保健品是用来保健的，怎么能要求保健品治疗疾病呢?"

【点拨】这样的言辞显得过于生硬、犀利，会使客户产生一种被讥讽的感觉。

**雷区2：**"保健品可以治疗疾病，您买两盒试试吧，效果很明显。"

【点拨】销售人员不能为了销售产品而欺骗客户，这是对客户的欺骗，是不负责任的做法。

**雷区3：**"您要治疗疾病还是去买药吧。"

【点拨】这种销售方式是消极的，从而也就失去了打动客户的机会。

客户提到保健品不能治疗疾病，并以此为由拒绝购买保健品，这主要是由于客户对保健品和药品的定位不清，主观地认为保健品不能治疗疾病就没有任何作用了，买保健品就等于是浪费钱财。

面对以保健品不能治病为由而拒绝购买的客户，销售人员要恰当、

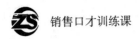
形象地向客户讲述保健品与药品的区别，推荐要一针见血，最好能以实际案例来说明保健品的价值，最大限度地弱化"保健品不能治病"对客户购买决策的影响。

这时候，销售人员可以运用以下两种方法。

（1）实例说明法：用具体的例子来向客户介绍保健品和药品在性质上和功效上的区别。

（2）实现转移法：强调保健品的重要价值在于调节人体机能。

### 一流金口才1

销售人员："保健品的重要功效就是补充人体需要的各种营养，增强人体的免疫力，调节人体的各项机能，其与药品最本质的区别在于保健品的保健功能。现在人们的生活节奏大大加快，工作压力、生活压力普遍较大，不少人的身体处在亚健康状态。从表面上看可能并没有表现出明显的病态症状，但是身体内部的营养结构已经发生了变化，这就为疾病的产生埋下了隐患。"

**攻心策略**

为客户介绍保健品和药品在定位和功效上的差别，然后再结合当今人们的健康状况进行说明，进而向客户说明使用保健品的重要性。

### 一流金口才2

销售人员："与药品相比，保健品有药品不可比拟的天然优势。保健品可以长期服用。我们药店的一些客户，在服用药品的同时也在服用我们的保健品，产生了不错的效果，真为他们高兴呀。"

**攻心策略**

销售人员向客户说明保健品的优势，另外，再以店里其他客户的真实经历凸显保健品的效果，打消客户的疑虑。

销售人员："许多保健品都是由××合理搭配制成的。很多人都有慢性疾病，最好优先考虑含有××成分的保健品。"

**▌▌▌▌ 攻心策略**

销售人员要强调保健品的成分适合调理身体，调动客户的购买意愿。

# 证明产品的功效，坚定客户的购买决心

　　尽管销售人员已经对保健品的品牌、功效和价格优势做了耐心细致的介绍和说明，但客户还是犹豫不决，说道："您说得很有道理，但是我不清楚这款保健品的效果怎样，我需要再考虑考虑。"

**雷区1**："那您就再好好考虑考虑吧。"

**【点拨】** 这种言辞缺乏积极性和主动性，这就很容易导致客户流失。

**雷区2**："我们这款保健品很多人都在服用。"

**【点拨】** 这种说法缺乏说服力。

**雷区3**："您大可放心，这款保健品的功效绝对可靠。"

**【点拨】** 这有夸夸其谈之嫌，容易使客户产生不信任感。

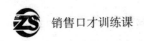 

客户在选择保健品的时候，功效往往是考虑的最重要的因素，正是由于这个原因，功效的优劣常常成为左右客户选择的重要原因。另外，客户对保健品的功效不了解，或者是不信任，也有可能是客户自身的性格使得客户在保健品的选择上犹豫不决。

这时候，销售人员要注意以下几点：

（1）摆事实，论证保健品功效确切；

（2）注重保健品的优势，还要注意给予客户足够的考虑空间，不要给客户太大的购买压力，否则会适得其反；

（3）要不失时机地给客户一定的购买刺激，调动客户的购买意愿。

客户对保健品的功效产生怀疑或者不信任，说明客户对选购保健品还有抗拒心理。销售人员需要耐心细致地用事实证明保健品的功效是确切的，从而坚定客户的购买决心。

### 一流金口才1

销售人员："我们非常理解您的担心，毕竟保健品的选择不仅是金钱的事情，还关系到我们的身体健康。我们向您推荐的这款保健品是老品牌了，在客户当中拥有很好的口碑，有不少回头客。客观地说，由于个人体质原因，效果有差别。"

#### ‖‖‖‖ 攻心策略

要站在客户的立场上理解客户的担忧。体质差异导致效果有别的解释，符合客观实际。

### 一流金口才 2

销售人员："我们向您推荐的这款保健品已经通过了国家的质量认证，还经过了长时间的临床验证。不瞒您说，这款保健品在我们店里销售情况是最好的，回头客也是最多的，在功效方面您尽管放心。当然，您可以再考虑考虑，我们也理解您的谨慎，但是这款保健品非常受欢迎，我们担心您决定购买的时候，货源会紧张。"

#### ▌▌▌▌攻心策略

既要重点介绍这款保健品的独特优势，又要给予客户自由选择的空间，另外也要告知客户，这款保健品销量大，货源紧张，从而激发客户的购买热情。

### 一流金口才 3

销售人员："这个品牌是老品牌，靠的就是客户良好的口碑，效果您可以放心。现在，这款保健品正赶上店里做活动，现在购买可以享受××折优惠，这几天销量大，货源比较紧张。您考虑一下，如果没有问题，我帮您拿两盒?"

#### ▌▌▌▌攻心策略

利用促销活动和货源紧张使客户下定决心，刺激客户购买。

## 凸显"一分价钱一分货"，强调药不在多而在对症

一位客户在店里浏览、查看药品，销售人员赶紧走上前去为客户提供服务，客户却说道："你们店里药品种类不全，价格也比别家贵。"

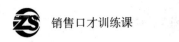 

**雷区1**："我们店里的药品种类齐全呀。"

**【点拨】** 这样的语言苍白无力，无法说服客户，更无法促使客户下定购买的决心。

**雷区2**："我觉得我们店里的药品很便宜。"

**【点拨】** 这种言辞太具主观性且缺乏依据，容易令客户产生反感。

客户抱怨药品品类不全和药品价格比别家贵，说明客户对药品行业的市场行情有所了解。这有可能是客户内心的真实想法，也有可能是客户委婉要求降价的方法。

这时候，销售人员要注意以下几点：

（1）应突出药不在多而在对症，打消客户疑虑；

（2）应通过对比药品的功效，凸显"一分价钱一分货"的道理，说明价格虽然高些，但是在合理范围内；

（3）强调物有所值。

## 销冠特训营

**一流金口才1**

销售人员："您要选购的是治疗××的药品吧？这款特别适合您。它能够×××，很多客户都选择了这款产品，您可以先看看药品说明。"

**攻心策略**

药不在多而在对症。销售人员巧妙地避开客户的问题，转而向客户推荐符合客户症状的药品，从而提高药品与客户的匹配度，最终转变客户的观念。

一流金口才 **2**

销售人员："我们的药品可能比市场上其他同类型的药品价格要稍微高些，但是一分价钱一分货，咱们的药品无论是生产厂家还是药品功效都有别于同类型药品。购买一款便宜但疗效不显著的药品对您来说不也是一种损失吗?"

### ▍▍▍ 攻心策略

销售人员要说明也许该药品比其他同类型药品的价格偏高，向客户说明价格偏高的原因，说服客户购买。

 一流金口才 **3**

销售人员："市场上治疗××的药品有很多，但是，我们这款药品是纯××制剂，而且储存起来也很方便，为此多付一些钱也是很划算的，您觉得呢?"

### ▍▍▍ 攻心策略

重点突出该药品与其他同类药品相比的独特优势，说明这款药品能够为客户带来便利，这样才有可能打动客户。

## 让客户认识到合理储存产品的好处，并告知其方法

一位客户正准备购买一款药品，但是，当其看到药品说明书中写着需要冷藏存放的时候，不由得说道："这款药还得冷藏存放啊，真是太麻烦了。"

**雷区 1：**"冷藏一点儿都不麻烦呀，非常简单。"

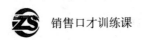
【点拨】这种答复过于笼统。

**雷区2**："您只需要按照说明书上的要求做就可以了，这类药品都要冷藏的。"

【点拨】这种说法无法消除客户害怕麻烦的心理，有敷衍客户之嫌。

**雷区3**："您可以再浏览一下其他药品，或许有的药品不需要冷藏。"

【点拨】沟通不积极，缺乏专业性，实际上是放弃了与客户深入沟通的机会，容易造成客户流失。

客户抱怨药品的储存方式比较麻烦，恰好说明客户有选购这款药品的意愿，并且还比较实际地考虑到了药品的储存问题，但是，这也说明客户对药品的冷藏方法及必要性还缺乏足够的认识。

这时候，销售人员要注意以下几点：

（1）要告知客户药品的关键是对症，再谈药品冷藏的作用和必要性，这样客户更容易接受；

（2）向客户说明不冷藏会造成哪些后果；

（3）明确告知客户，冷藏的方法非常简单，并没有想象得那么复杂。

面对客户的疑虑，销售人员要有耐心，追根溯源，让客户从思想上认识到药品冷藏的好处，消除客户的疑虑。

**一流金口才1**

销售人员："您的眼光真好，您选择的这款药品对于缓解您目前的症状来说非常有帮助。这款药品里含有一些容易挥发的物质，因此，使用之后除了要拧紧盖子之外，还要放在冰箱中冷藏，这样才能更好地保持药效。"

**┃┃┃┃ 攻心策略**

首先，要说明药品是对症的；其次，明确告知客户这款药品的确需要冷藏保存；最后，详细向客户介绍冷藏保存的原因，这样客户就更容易接受了。

### 一流金口才 2

销售人员："不少客户感觉冷藏保存很麻烦，实际上并不是这样的。其实冷藏保存很简单，您只需要把这款药品放进冰箱，就像您把菜和水果放进冰箱一样。"

**┃┃┃┃ 攻心策略**

采用类比的方法向客户介绍冷藏保存实际上非常简单。

### 一流金口才 3

销售人员："如果这类药品不放置在低温环境中，药品的活性物质就会受到损害，药品的功效就会降低，甚至失效。特别是在夏天，这款药品里的物质会因为气温高发生各种反应。所以，这类药品冷藏保存是必要的。"

**┃┃┃┃ 攻心策略**

使客户认识到这类药品不放置在低温环境下可能带来的各种危害，从而使自己的语言更具说服力。

 **通过自身的专业知识，转变客户对产品的认识**

客户想要选购一款治疗某种疾病的药品，销售人员热情地

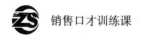
向客户推荐了一款适合的药品，并进行详细介绍，这位客户却摇着头说道："我不想要中药，吃起来麻烦，疗程太长。"

**雷区1**："疗程一点儿也不长。"

**【点拨】** 这种笼统的回复方式无法改变客户的认知。

**雷区2**："另一款药品虽然见效快，但是副作用也很明显。"

**【点拨】** 这种回复是不明智的。

**雷区3**："我们这里也有西药，您可以自己到那边看看。"

**【点拨】** 这种言辞实际上是放弃了和客户进一步沟通的机会。

也许某些药品的确疗程较长，见效较慢，这就让那些急于治疗疾病的客户对中药心存疑虑。销售人员首先要通过自身的专业知识转变客户对中药的认识，凸显出只有注重身体的调理，才能更好地预防疾病。

这时候，销售人员要注意以下几点：

（1）劝导客户治疗疾病要立足于治本，不能急于求成；

（2）详细介绍药品的特点和优势。

**一流金口才1**

销售人员："疾病的治疗需要一个循序渐进的过程，我们的身体也需要一个逐渐恢复的过程。这款药品对于从根本上调理身体、治疗疾病具有无可比拟的优势。为了使您服用起来更加方便，我们店里会安排专业人员替您煎药。"

 **攻心策略**

向客户说明治疗疾病要注重治本，不能急于求成，同时通过介绍店里的代客煎药服务打消客户的顾虑。

### 一流金口才 2

销售人员："这款药品注重身体的调养，讲究辨证施治、标本兼治。像您这样的慢性疾病，疗程会比较长。建议您先服用一个疗程试试效果，您认为呢？"

 **攻心策略**

向客户强调中药讲究标本兼治，注重身体调养，这对于治疗长年的慢性疾病具有无可比拟的巨大优势。

### 一流金口才 3

销售人员："这款药品在本质上注重药食同源，无论是配方的组成还是药材的选择，都十分关注安全性，因此，您不必过度担心副作用。另外，中药正在国际化，一些中药的疗程也逐渐缩短了，性价比越来越高。"

 **攻心策略**

以自身的专业知识说服客户、引导客户，同时提出中药国际化的背景，从而激发客户的购买意愿。

## 推荐适合客户症状的产品，坚定客户的购买决心

客户来店里选购药品，销售人员在了解客户的症状后，热

情地为客户推荐了某种药品。客户拿起药品仔细看了一下，然后皱着眉头说："这是西药呀，我不买西药，西药副作用太大。"

**雷区1**："西药挺好的啊，很多人都在服用。"

**【点拨】** 这种表述过于主观，客户并不一定认同其他人的选择。

**雷区2**："西药怎么会有副作用呢？西药的销量非常大。"

**【点拨】** 不能为了销售药品就说出不实之言，这是对客户乃至门店的不负责任。

许多客户认为西药的副作用大，这就造成他们在选购西药时犹豫不决。当销售人员推荐西药的时候，客户就难以避免地担忧西药的副作用。

针对那些担忧西药副作用大而对选购西药犹豫不决的客户，销售人员要采用转移视线法，推荐更适合客户症状的药品，坚定客户的购买决心。

这时候，销售人员要注意以下几点：

（1）明确告知客户西药的疗效；

（2）论证西药的特点时要科学、客观、全面；

（3）耐心地告知客户服用时需要注意哪些方面，确保客户用药安全，也让客户感受到销售人员的负责和贴心。

**一流金口才1**

销售人员："这款药品的最大优势就是见效快，像您这样的急症，服用后不久就能明显缓解症状。"

**攻心策略**

突出该药品在治疗急症方面的优势，坚定客户的购买决心。

一流金口才 2

销售人员："根据您的症状表现，我还是建议您服用这款药品，起效快，疗程短，能够很快减轻您的病痛和不适感；而且携带方便，服用方便。"

**攻心策略**

开诚布公地提出自己的建议，态度要诚恳，要有理有据。

 **改变客户对产品的认知，激发客户的购买意愿**

销售人员为客户推荐了某款药品，客户认真阅读药品的说明书，当看到生产厂商时，皱着眉头说："这是国产药啊，我不买国产药，我认为进口药质量更好。"

**雷区 1**："这款国产药功效特别好，价格也不贵。"

【点拨】这样的语言笼统、直白，没有说服力。

**雷区 2**："我们应该大力支持国产药物。"

【点拨】这会使客户产生反感心理，甚至会激化矛盾。

**雷区 3**："进口药不一定靠得住，网上就经常曝光进口药出现的各种问题。"

【点拨】这种回复方式是消极的，客户很难认同，客户可能会想：难

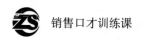
道网上就没有曝光过国产药出现各种问题吗？

客户之所以选购这款药品，说明客户对这类药品存在实际需求。客户更加信赖进口药，无外乎这三个原因：不了解国产药；曾经用过国产药，疗效不明显；盲目推崇，认为进口药更好。

针对偏好进口药品、对国产药品心存疑虑的客户，销售人员要站在客观的立场上对比国产药和进口药，要有理有据，不能夸大其词，这样才能让客户信服。

这时候，销售人员要注意以下几点：

（1）应向客户介绍国产药品的发展和优势；

（2）应详细说明国产药品更加值得信赖，鼓励客户进行尝试；

（3）应向客户说明国产药品具有更高的性价比。

**一流金口才1**

销售人员："不少客户总是先入为主地认为国产药是仿制药，而进口药是原研药。随着我国医药科学的快速发展，国产药品的生产厂商对自行开发研制日益重视，您选择的这款药品就是国内药品厂家耗时×年精心研制的，客户反映效果非常好。"

**||||| 攻心策略**

通过向客户讲述我国医药技术的进步和发展，说明国产药在质量方面是可靠的。

**一流金口才2**

销售人员："也许您以前吃的国产药品的效果并不理想，但是咱们不能因此就否定国产药品，选择药品最关键的还是要对症。咱们店里的国产药品都是符合国家药监局发布的药品质量检测标准的，疗效确切，价格也比较便宜，性价比更高。"

### 攻心策略

转变客户对国产药的认知，向客户说明国产药性价比高的事实，以激发客户的购买意愿。

#### 一流金口才 3

销售人员："既然您对进口药比较信任，那我给您介绍一款同类型的进口药，您对比一下。这两款药品的厂商不同，价格不同，但是它们的成分、服用方式、主治功能和储藏方法基本上是一样的。"

### 攻心策略

通过对进口药和国产药进行对比，凸显出国产药在性价比方面的优势。另外，如果客户仍然偏好进口药物，那么也要尊重客户的选择。

 向客户展现门店的诚意，这样更能打动客户

客户来到药店选购药品，并主动找到销售人员了解店内的相关信息。销售人员热情地为客户介绍之后，客户却担忧地说道："你们药店的规模不大，也不是连锁店，我在这里购买药品有点儿不放心。"

雷区 1："小店也很好啊，并不比连锁店差。"

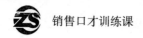
【点拨】这种言辞过于笼统，难以达到转变客户思维的效果。

**雷区2**："那您可以去连锁店购买啊。"

【点拨】这种沟通方式过于消极且不够礼貌，很容易造成客户的流失。

**雷区3**："您就买个普通的××药，单体药店和连锁店有什么区别？"

【点拨】这种言语中含有轻视客户的意味，容易引起客户的反感。

不少客户在选购药品的时候更侧重于规模较大的连锁药店，对规模较小的药店心存疑虑，所以，销售人员必须向客户表达药店的诚意，这样有助于打动客户。

客户之所以偏好在连锁店选购药品，主要是认为连锁药店经营规模大，经营流程规范，药品质量可靠，售后服务更加完善。

这时候，销售人员要注意以下几点：

（1）说明本药店尽管在规模上比不上连锁药店，但是发展潜力更大，更加看重客户口碑；

（2）说明药品是以市场为导向定价的，定价的过程是规范的；

（3）说明药店资质齐全，且药品质量是可靠的。

一流金口才1

销售人员："虽然我们店并不是连锁店，但是我们这里药品的质量是值得信赖的。我们开店已经有××年了，请看我们药店墙上的这些锦旗，一部分是客户对我们药店的认可，另一部分是上级部门为我们授予的荣誉称号，如'××模范药店'。"

**▎▎▎▎攻心策略**

销售人员要用事实来说明本店产品质量可靠，如群众口碑和荣誉称号等。

### 一流金口才 2

销售人员："我们理解您的忧虑和担心。请您看我们药店墙壁上粘贴的药品管理制度，上面详细记录了药品定价的规定。如果药品定价不合理，那么，药店就会受到上级监管部门处罚，如果情节严重，还可能会被监管部门责令停业整顿，甚至还有可能被吊销营业执照。如果您仍然心存疑虑，那您可以到其他药店对比一下，看看我们的药品价格是不是合理。"

**▎▎▎▎攻心策略**

向客户介绍药品管理制度，有理有据地说明药店不会随意定价；建议客户到其他药店进行价格比对，这也正是销售人员对本店的药品有自信心的表现。

### 一流金口才 3

销售人员："不少客户认为，连锁药店的服务比非连锁药店的要更加周全，实际情况并非这样。目前，我们药店配备了专业人员提供药学咨询服务，还提供代客煎药、送药上门的服务，为客户单独创设'药历'。因此，我们的服务是用心的，也是比较完善的。"

**▎▎▎▎攻心策略**

要指出客户先入为主的印象，从而为客户转变观念打下基础，再向客户介绍本药店在服务方面的特色和变化，达到吸引客户的目的。

# 第七章

# 主动出击找契机，
# 踢好成交的临门一脚

　　很多销售人员的前期销售准备工作做得很好，最后却迟迟无法成交，其实这是一种心理自我设限。临近成交的阶段是销售人员帮助客户下定决心的最好时机，但很多人在这时往往不敢催促客户，害怕吓跑客户。其实进入这个阶段后，销售人员必须主动出击，用多种方式促使交易成功。

灵活运用多种方法营造气氛，帮助客户下决心购买

　　销售人员热情地为客户介绍药品信息，客户仔细看了药品的包装，慢慢地说道："这款药品真的像您介绍得那么有效吗？"

**雷区1**："这款药品是大品牌，疗效尽管放心。"

【点拨】这种说法显得苍白无力，无法打动客户。

**雷区2**："我已经详细地介绍过了，效果是有保证的，可以放心购买。"

【点拨】这种说法不够专业，只会增加客户的戒备心理。

　　如果客户对药品的功效心存疑虑，那么销售人员就需要灵活运用多种方法营造气氛，强调药品效果，刺激客户购买。

　　这时候，销售人员要注意以下几点：

　　（1）激发客户的购买意愿，打消客户的疑虑；

　　（2）重点介绍药品功效，帮助客户下定购买决心；

　　（3）恰当地运用憧憬法、刺激成交法等多种方法，促成客户的购买行为。

### 一流金口才 1

销售人员："由于个人体质的不同，我无法向您保证一定药到病除。我们药店正在举行店庆，促销力度空前，这款药品现在打×折，这样算下来每盒能便宜××元，非常划算。"

**攻心策略**

要科学、客观地为客户答疑解惑，用肯定的语气传达对药品功效的信心；以店庆促销刺激客户，增加客户购买的可能性。

### 一流金口才 2

销售人员："您选购的这款药品已经上市三年了，很多客户反映效果非常好。这款药品在我们店里的销售量也是最高的，这也说明了它的效果是不错的。您如果仍然有疑虑，可以先购买一盒试试，看看效果究竟如何，您看这样可以吗？"

**攻心策略**

要以肯定的语气强调药品的功效，再以客户口碑和药品销售量等进一步激发客户购买的决心，还可以通过让客户少量购买减轻客户的购买压力。

### 一流金口才 3

销售人员："药品的功效并非我们刻意宣传出来的，而是客户的口口相传。刚才您见到的那位女士是我们的老客户了，已经多次来我们店里购买药品，您也可以尝试一下。"

**攻心策略**

利用身边的事实证明药品的功效，提升客户对药品效果的信心，帮助客户下定购买的决心。

**客户因购买数量多而要求降价时，不要生硬拒绝**

　　客户在店里选购了一款保健品，销售人员按照服用说明，建议客户购买×个疗程，客户说道："我一次性购买这么多，您能不能给我便宜点儿?"

## 话术避雷区

雷区1："很多客户都买更多疗程呢。"

【点拨】这有暗讽客户的意味。

雷区2："真是抱歉，价格上实在不能再便宜了，否则我们就不挣钱了。"

【点拨】这种说法过于直接，客户会认为药店只是把挣钱放在第一位。

雷区3："这款保健品是厂家统一定价，我没有权限为您优惠。"

【点拨】这种言辞有推脱责任之嫌，难以真正说服客户。

## 行家如是说

　　在实际的交易过程中，客户常常会由于自己购买保健品数量较多而要求销售人员给予一定的优惠。如果销售人员明确予以拒绝，客户就会产生心理上的不平衡，甚至有可能导致交易的失败。

　　客户因购买数量较多而要求降价时，销售人员要对客户的购买行为予以肯定和感谢。不管能否降价，销售人员都不要支支吾吾，而是要给

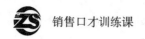
予正面回应，避免打击客户的购买积极性。

这时候，销售人员要注意以下几点：

（1）要对客户的购买行为予以赞扬，不要用生硬的语气直接拒绝客户；

（2）不管能否进行优惠，都要给予客户足够的尊重；

（3）可以巧妙地运用积分、礼品和折扣券等形式给予客户一些优惠。

### 一流金口才 1

销售人员："非常感谢您对我们产品的信任。您是我们的老客户了，这次又一次性购买了×盒，店长这才特意交代给予您这样的优惠价格，在一般情况下，价格一般要贵不少钱呢。"

**▌▌▌▌ 攻心策略**

要感谢客户的信任和支持，给予客户心理上的满足感；要委婉地告知客户这已经是最优惠的价格了，把原来的价格和现在的价格进行比较，以凸显出现在的价格优势。

### 一流金口才 2

销售人员："您选购的这款保健品效果非常好，又由国际影星代言，所以现在销售情况非常火爆，店内并没有进行降价促销。这样吧，我再去跟店长沟通一下，请您稍等一会儿。"

**▌▌▌▌ 攻心策略**

要营造这款保健品销售火爆的氛围，告知客户药店并没有进行降价促销；不论最终能否降价，都要让客户切身体会到销售人员服务的热情和真诚。

**一流金口才3**

销售人员："真是不好意思，关于这款药品的降价问题，我已经跟店长申请过几次了，但是店长没有同意，实在不能再给您优惠了。这样吧，我免费为您办理一张本店的会员卡，您以后购买的时候就可以享受×折的会员价，这样可以吗？"

 **攻心策略**

要态度诚恳地向客户说明这款保健品实在没有让利的空间了，争取获得客户的理解；要巧妙地利用免费办会员卡吸引、安抚客户，刺激客户的购买行为。

## 从医学的角度使客户认识到常备血压仪的重要性

一位客户在药店选购产品，选中了一款血压仪，销售人员热情地上前提供帮助，客户却摇着头说道："算了，反正这种血压仪我也用不了几次，不划算。"

**雷区1**："怎么能说血压仪不常用呢？您得天天使用呀。"

**【点拨】** 这种语气比较夸张，反而会引起客户反感。

**雷区2**："您如果不天天监测血压的变化，那血压异常就有可能引发一些突发疾病，到时候您后悔都来不及呀。"

**【点拨】** 这种说法有吓唬、诱导客户购买血压仪的嫌疑，很可能引起

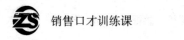
客户的不满。

**雷区3**："您得了高血压这种病，难道还心疼这几个钱吗？"

【**点拨**】这种语言是极不礼貌的，暗含了客户过分看重经济支出的意味，使客户产生排斥心理。

客户在选购保健仪器的时候，会不可避免地考虑使用频率问题。在许多客户看来，血压仪并不经常用到，不需要购买。这实际上是一种不恰当的认识。销售人员要扭转客户的认知，使客户意识到家庭常备血压仪的重要性。

这时候，销售人员要注意以下几点：

（1）要从医学的角度为客户说明使用仪器监测血压的重要性；

（2）强调血压仪是家庭常备品；

（3）合理运用联想假设法凸显血压仪的便利性。

**一流金口才1**

销售人员："现在高血压等疾病变得越来越年轻化了。您把血压仪买回家去，不但您可以适时监测自己的血压，您的家人也可以使用。现在的年轻人生活节奏快，工作压力大，身体很可能实际上处于亚健康状态，可是年轻人不注重保健，我们老年人需要多费点儿心，您说呢？"

**攻心策略**

为客户介绍许多病症呈现出的年轻化趋势，强调购买产品的必要性，利用亲情激发老年人的购买意愿。

一流金口才 2

销售人员："高血压属于一种慢性疾病，作为老年人，每天监测自己的血压是非常重要的。及时监测意味着能够在第一时间发现异常，从而降低突发性疾病发生的概率。何况，血压仪价格也不贵，您能实时监测自己的血压，家人也会比较放心。您说呢?"

▍▍▍ 攻心策略

向客户介绍家庭常备血压仪的重要性，再说明血压仪为客户带来的好处，激发客户的购买兴趣。

 一流金口才 3

销售人员："这款血压仪具有很高的性价比，您在家里就能够实时地监测自己的血压，及早发现异常，提前采取预防措施。您花费一点儿钱，就能使自己的健康更有保障，这多划算呀。"

▍▍▍ 攻心策略

先说明实时监测血压的必要性，再用血压仪较高的性价比打动客户，刺激客户购买。

## 对于"求新"的客户，要转移其注意力

 实 战 片 段

一位客户在药店内购买药品，销售人员赶紧上前提供帮助，热情地为客户推荐。客户仔细查看销售人员推荐的药品后，皱着眉头说道："我想购买最新研制出来的药品。"

**雷区1**："买药品又不是买衣服，不用在意是不是新款。"

【点拨】这种言辞过于生硬、直接，对达成交易是不利的。

**雷区2**："这款药品比新上市的药品效果好，您放心购买吧。"

【点拨】这种言辞理由不充分，不足以从根本上改变客户的认知。

**雷区3**："新药品价格贵，而且功效基本没什么差别，您为什么会对新药品情有独钟呢？"

【点拨】不应该直接否定客户的选择。在这种情况下，如果客户坚持要购买新产品，那么销售人员会陷入一种尴尬境地。

客户在购买产品的时候，总是会有一种求新的心理，总是会先入为主地认为新产品的效果更佳，认为老产品已经不合时宜了。对此，销售人员要把客户的注意力从"求新"上转移到"求实"上来，从而转变客户的认知。

这时候，销售人员要注意以下几点：

（1）强调产品对症才是最重要的；

（2）重点介绍老产品的优势；

（3）向客户介绍老药品历经多年实践验证，产品功效更加可靠。

**一流金口才1**

销售人员："选购药品与买衣服不同，老药品有着自身独特的优势。不管是新药品还是老药品，能对症治病就是好药品。这款药品与您的症状相符合，起效快，您可以放心购买。"

**攻心策略**

要向客户说明药品好坏的关键是能否治疗疾病，从而弱化客户对药品新旧的过分关注；强调这款老药品在功效上的优势，激发客户的购买意愿。

### 一流金口才 2

销售人员："您的眼光可真好，第一眼就能看出这是知名厂商的药品。您选中的这款老药品是××制剂，口感更好。"

**攻心策略**

重点向客户介绍老药品有哪些独特优势，刺激客户购买。

### 一流金口才 3

销售人员："您选中的这款药品确实已经上市十多年了。药品上市时间越长，功效历经时间的洗礼和实践的验证，因此也越可靠，值得信赖，所以我才会向您推荐这款药品。"

**攻心策略**

销售人员要站在客户的立场上，重点说明老药品在质量和功效上更具有稳定性和可靠性，从而坚定客户的购买决心。

 **向客户翔实介绍新品牌，力争得到客户认可**

一位客户仔细看了许久销售人员推荐的保健品。但是，当销售人员介绍保健品的品牌时，客户却说道："我没有听说过这个牌子，买着不踏实。"

**雷区1**："您没有听说过吗？这可是个老品牌了。"

**【点拨】** 这种说法过于直白、生硬，甚至有暗讽客户孤陋寡闻之嫌，很容易引起客户不满。

**雷区2**："这个品牌确实名气不大，以前我也不是很熟悉。"

**【点拨】** 这就向客户传达了一种负面消息，会增加客户的疑虑。

**雷区3**："这是个大品牌呀，电视上、网上都有这个品牌的广告。"

**【点拨】** 这样说就会把客户置于一种尴尬境地。

客户由于没有听说过保健品的品牌而对保健品心存疑虑，这说明客户比较谨慎，通常比较重视品牌。这就要求销售人员自己要对这种品牌的特点和功效有详细的认知，客观地向客户介绍该品牌的发展历程及市场推广现状，还可以通过观看宣传片、宣传手册等手段，使客户认可这种品牌，打消客户的疑虑。

这时候，销售人员要注意以下几点：

（1）应客观、翔实地向客户介绍品牌；

（2）应有效利用宣传资料等，提升语言说服力；

（3）应对品牌信息做到熟记于心，并适时分辨出客户是真的不了解品牌信息，还是由于其他原因而拒绝购买保健品。

**一流金口才1**

销售人员："您可真是个细心人呀。的确，买保健品谨慎一点儿也是人之常情。这款保健品的生产厂家是××，虽然是个新品牌，但是产品质量是非常好的。他们的研发团队有××人，生产设备在国内也是首屈一指的，您看，我们店里的大屏幕上不断循环播放的视频就是在宣传这个牌子的保健品呢。"

### ▌▌▌▌ 攻心策略

要对客户的细心予以肯定和赞扬，这样可以使客户产生被认同感。此外，要向客户说明，尽管是新品牌，但是核心优势非常明显，市场潜力巨大，再通过店内多媒体的展示，向客户说明品牌是可靠的。

### 一流金口才 2

销售人员："您之所以不太了解这个品牌，是因为这个品牌一直靠口碑相传，并没有大规模地借助媒体宣传。这个品牌已经有十几年的历史了，您可放心选购。"

### ▌▌▌▌ 攻心策略

强调品牌不做广告，主要靠口碑相传，既解释了客户不熟悉品牌的原因，也说明品牌口碑好、质量佳。

### 一流金口才 3

销售人员："这个品牌属于进口品牌，以前主要在××市场进行推广，如今刚进入本地市场，所以，咱这里的很多客户对这个品牌不是太熟悉。但是，电视上××明星代言的那个广告，您一定有深刻的印象吧？"

### ▌▌▌▌ 攻心策略

向客户说明这种保健品刚刚在本地区进行推广，所以很多消费者不是太熟悉这个品牌；再通过明星代言，来提升客户对品牌的信任程度。

 普及产品知识，为促成交易打下基础

客户来到店内选购保健品，销售人员为客户进行了详细介绍以后，客户还是略有疑虑地问道："长期服用这种保健品会不会对人体有伤害？"

**雷区1：** "您大可放心，这款保健品绝对不会对人体造成任何损害。"

**【点拨】** 这种绝对化的说法缺乏足够的说服力，有敷衍客户的嫌疑。

**雷区2：** "您怎么认为长期服用保健品对人体有害处呢？这是不可能的。"

**【点拨】** 这种强烈的质问语气，流露出了销售人员对客户的不尊重。

客户选购保健品的目的都是使自己的身体更加健康。如果长时间地服用保健品，客户难免会担心对人体造成损害，因此才会反复询问这个问题。

一般来说，保健品分为以下类型：营养型保健品，需长期服用，没确切的功效；强化型保健品，身体缺什么补什么，过度服用对身体有害；功能型保健品，对身体有调理作用。

这时候，销售人员要注意以下几点：

（1）要结合客户的情况以及保健品的成分、疗程等科学地分析，打消客户疑虑；

（2）要引导客户正确使用保健品。

### 一流金口才1

销售人员："长期服用保健品对人体是有益的，特别是这款保健品，能够起到×××功效。尽管服用周期较长，但是功效确切。我建议您先购买一个疗程试试，您认为呢？"

#### 攻心策略

要充分肯定保健品对人体的保健作用，再向客户介绍清楚症状、药性和服用周期之间的关系，使客户从思想上认可保健品的功效，从而坚定客户的购买意愿。

### 一流金口才2

销售人员："我为您推荐的这款保健品能够起到增强人体免疫力、改善体质的作用。"

#### 攻心策略

从保健品的特点出发分析、讲解，使客户安心购买。

### 一流金口才3

销售人员："这款保健品的主要成分是对人体有益的食材，因此，不会对人体造成损害，您尽管放心。"

#### 攻心策略

说明保健品的成分组成，证明保健品的安全性有保证，使客户安心。

# 消除客户对产品质量的疑虑，提升其购买意愿

**实战片段**

一位客户来到药店选购中药材，销售人员热情地上前询问客户需要哪些帮助。在充分了解客户需求后，销售人员为客户推荐了一些中药材，客户问道："你们店里卖的中药材是真的吗？你们是从哪里进货的啊？质量可靠吗？"

**话术避雷区**

**雷区1**："我们店里销售的药材都是正品，您不必担心。"

【点拨】这种言辞显得过于笼统，难以真正说服客户。

**雷区2**："您大可放心，这些中药材不会是假的。"

【点拨】这种言辞缺乏足够的说服力，并不能消除客户内心的疑虑。

**雷区3**："您不懂辨别真假药材的方法，这种药材专业人士看一下就能确定是真的。"

【点拨】这种言辞有轻视客户是外行的意思，容易把客户置于一种尴尬境地。

**行家如是说**

现在中药材市场比较混乱，中药材质量参差不齐，普通客户一般没有鉴别药材质量的知识，因此，客户在购买中药材的时候往往会犹豫不决。

客户对中药材的真假和质量产生疑问时，销售人员要通过进货渠道、

经营宗旨、客户口碑等帮助客户树立信心，然后教给客户识别真假药材的方法，这样有助于消除客户的疑虑。

这时候，销售人员要注意以下几点。

（1）要向客户说明本店的药材进货渠道是正规的，药材质量是没有问题的。

（2）要重点介绍本药店秉承"诚信经营"的宗旨，在客户中口碑很好，值得信赖。

（3）要教给客户识别真假药材的知识。看：药材颜色、断面；摸：药材的软硬，用手感觉药材是否光滑或黏腻；尝：辛、甘、酸、苦、咸、麻、涩、淡、滑、凉、腻。

### 一流金口才 1

销售人员："我们非常理解您的担忧和顾虑。不可否认的是，现在的中药材质量参差不齐，但是我们也要客观分析，不能以偏概全。我们店诚信经营中药材产品已经几十年了，正规渠道进货，无论是在订货环节、进货环节还是上架环节，都对中药材进行了高标准的检验，这一点您是可以放心的。"

### 攻心策略

先要对客户的担忧表示理解，然后再从药店经营宗旨、进货渠道等角度打消客户的疑虑。

### 一流金口才 2

销售人员："我们是一家老店，已经诚信经营几十年了，如果出现了假冒伪劣产品，那么我们不就自毁招牌了吗？我们很少打广告，靠的就是客户的口碑相传。"

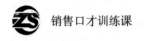 

**攻心策略**

从药店的经营历史方面介绍，可以帮助客户树立对产品质量的信心，从而提升客户的购买意愿。

 一流金口才3

销售人员："听您的说法就知道您对中药材比较了解。现在的中药材市场，确实有一些不良厂商销售假药材。但是，真药材和假药材还是有一些区别的。比如，您准备购买的这种药材尝一下会有××的味道，而假药材根本没有这种味道。您可以尝一下，品尝一下真药材的这种味道。"

**攻心策略**

赞美客户内行，然后教给客户识别真假药材的方法。

# 耐心细致地讲解，弱化客户对产品的疑虑

 实战片段

销售人员为客户推荐了某款保健品，客户仍然心存疑虑地问道："这款保健品真的适合我吗？真的管用吗？"

 话术避雷区

雷区1："您尽管放心吧，这款保健品很好的。"

【点拨】这种笼统的说法无法打消客户的担心；这种随口的承诺，会降低客户对销售人员的信任度。

雷区2："用过的客户都说效果好，您就放心吧。"

【点拨】这种说法不够专业。一款药品是否有效，关键是对症与否，其他客户用后有效并不说明所有人用都有效。

雷区3："您看，您的症状与说明书上的都是相似的，您怎么还怀疑保健品的功效呢？"

【点拨】这种语气有质疑客户的嫌疑，容易引起客户的不满。

"真的管用吗？"这是客户常常会问的一个问题。客户在选购保健品的过程中，总会反反复复地询问保健品是否有效，是否适合自己。

这时候，销售人员要注意以下几点：

（1）应耐心细致地为客户讲解，说明保健品与客户相匹配；

（2）应把客户的症状与保健品的适应症状进行一对一的说明讲解；

（3）通过身边的真实案例来说明产品的有效性。

**一流金口才 1**

销售人员："这款保健品刚好适合您的症状。这款产品是纯××产品，其成分是××等，具有×××的功效，与您的症状是相符的，您看，这是包装盒上注明的信息。"

▌▌▌▌**攻心策略**

耐心、细致地为客户进行对症讲解，使客户意识到保健品的基本成分和主要功效，使客户坚信销售人员推荐产品具备专业性和合理性。

**一流金口才 2**

销售人员："由于个人体质的差异性，人们对保健品的吸收情况也不同，所产生的功效也会有所差别。因此，我不能保证这款保健品会对您

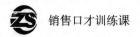

有效果。但是，这款保健品是适合您吃的。"

 **攻心策略**

从科学的角度分析，个人体质不同，服用保健品后产生的效果也不同，这种严谨、实事求是的说法反而能够获得客户的信任。

## 注重介绍价格的稳定性，消除客户的后顾之忧

一位客户仔细端详销售人员推荐的保健品，并询问价格后，充满忧虑地说道："我对这款保健品挺满意的，但是我要说明的是，如果我在你们店里买贵了，你们要负责赔我差价。"

**雷区1：**"您已经购买了商品，我们怎么可能补您差价呢？"

**【点拨】**这种简单直白的说法会打击客户的自尊心，削弱客户的购买欲望。

**雷区2：**"您要是这么说，那么，如果我们涨价了，您是不是还需要补款呢？"

**【点拨】**用这种生硬的语言回复客户，会导致客户的流失。

**雷区3：**"您尽管放心，我们这里的药品是市场上最便宜的，您绝对不可能买贵了。"

**【点拨】**语气过于绝对，客户会产生不信任感。

客户担忧在价格上吃了亏，要求承诺补差价，这就说明客户对产品价格的满意度还不高。销售人员应该从定价原则、竞争策略以及保价政策作为切入点，打消客户的疑虑。

这时候，销售人员要注意以下几点：

（1）注重介绍价格的稳定性，从而说明药店更加关注长远利益，客户担忧的情况不会轻易发生；

（2）突出药店公平竞争的策略，强调药店不会无原则地降价；

（3）明确介绍店内的保价政策，最大限度地消除客户的后顾之忧。

---

## 销冠特训营

### 一流金口才 1

销售人员："我们为您推荐的这款保健品是知名的大品牌，定价是从长远利益来考虑的。在全国上百家连锁店中，价格是完全一样的，不会随意降价，也不会贸然降价。"

**▮▮▮▮ 攻心策略**

明确告知客户保健品的定价策略维护的是长远利益，因此，药店不会贸然降价，否则，必定会损坏客户的利益，使客户对产品丧失信心。

### 一流金口才 2

销售人员："我们非常理解您的担忧，不过现在保健品行业竞争非常激烈，商家采取适度的价格竞争也是常有的，保健品价格稍有差距的情况也比较常见。但是，我们店向来秉承客户至上的经营理念，不会贸然提高或压低价格，而是以市场基准价维持平衡状态，因此，您可以放心选购。"

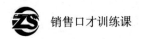 

### ▌▌▌▌ 攻心策略

注重介绍本店的竞争策略，既不会抬高价格损害客户利益，也不会随意压低价格打价格战，从而为客户营造良好、诚信的购物氛围。

### ▌ 一流金口才 3

销售人员："厂家的推广策略会根据销售情况进行调整，因此，不排除降价的可能性。但是，您不必为此忧虑，我们店为了维护客户利益，严格实施七天保价政策。如果您在购买了保健品的七天之内，由于本店调整价格让您吃了亏，这种情况是可以为您补差价的。"

### ▌▌▌▌ 攻心策略

向客户开诚布公地介绍本店的保价政策，打消客户疑虑，刺激客户的购买意愿。

# 第八章

# 不断优化服务质量，才能留住并吸引更多客户

医药保健品店的销售人员都想拥有更多的客户，其实这个想法完全可以实现。只要店铺、销售人员保证商品的质量，并不断优化服务，就会吸引更多客户，使其毫不犹豫地购买产品，而且会为销售人员介绍新客户，如此一来，生意一定会越来越兴隆。

**本着提供全面服务的宗旨，为客户推荐相关药品**

　　一位客户选购了某款药品后，销售人员觉得配合另一种药品一起服用功效更好，就想向客户推荐其他相关的药品。

　　**雷区1：**"我们这里有一款药品，和您选购的药品一起服用，效果会更佳。"

　　**【点拨】**这种说法过于笼统，没有详细说明两种药品之间的关联性，难以说服客户。

　　**雷区2：**"您要不要再看看其他品牌的××药，都试试没有坏处。"

　　**【点拨】**这种说法不恰当，药不在多，而在对症。

　　**雷区3：**"咱们这里有宣传单，上面介绍了不少药品组合，您可以浏览一下，看看买哪一组。"

　　**【点拨】**客户大多数都不是专业人士，并不懂药品间的互补效果，销售人员应该为客户详细介绍，才能打动客户，促成购买。

　　客户选购药品，说明了客户对药品和服务的认可。以此为基础，销售人员要根据实际情况向客户推荐与药品相关的产品。销售人员要本着为客户提供全面服务的宗旨，以专业、科学的思想为指导，力图最大限度地扩大客户的选择面，还要充分尊重客户的选择。

这时候，销售人员要注意以下几点。

（1）推荐关联产品，要依据客户购买的药品有针对性地推荐。例如，互补关联：主推 A 药品，关联促进功效的 B 药品。替代关联：主推 A 口味药品，关联 B 口味药品。潜在关联：主推中药，关联中药煎锅。

（2）不断完善售后服务，为客户提供全方位的服务。

（3）珍惜客户资源，为客户提供贴心的服务。

### 一流金口才 1

销售人员："这是一款专门用来治疗××的××药，如果能够配合××药使用，效果会更加理想。您的意见呢？"

**攻心策略**

巧妙利用药品之间的互补关系为客户推荐相关药品，既显得合理，又显得亲切自然。

### 一流金口才 2

销售人员："感谢您对我们的支持和信任。您选购了很多中药，不知您家中有没有专门熬制中药的煎锅？当然，您选择普通砂锅也行，但是，家中常备一个熬制中药的电子煎锅会更方便些，您也不用费时费力地清洗了。您认为呢？"

**攻心策略**

通过委婉的方式，提示客户购买中药后，不要忽视专门熬制中药的煎锅。但是不管客户如何作答，销售人员都要充分尊重客户的选择。

### 一流金口才 3

销售人员："您选择的这款药品是原味的，如果您的孩子年纪小，怕喂药的时候孩子不配合，我们这边还有水果味的，您可以买一盒试试，看看孩子喜不喜欢。"

攻心策略

站在客户的立场上，巧妙地向客户推荐口味不同的药品，使客户感受到销售人员服务的周到。

## 迅速而准确地开单，使客户尽快完成付款

一位客户选好了需要的药品以后，询问销售人员付款处在哪里，怎么付款。

**雷区1**："您拿着单据去那边付款就可以了。"

【点拨】这种说法过于笼统，应该明确告知客户付款的流程和地点，节省客户的付款时间。

**雷区2**："您从这里上楼，先左拐，再右拐，然后就能看见收银台了。"

【点拨】这种描述方位的方法过于复杂，客户很难找到收银台的具体位置，应该采取更简洁的方法描述。

在最后的结账环节，销售人员应该简洁地告诉客户付款流程，为客户节省付款时间，打造高效、有序的服务环境。

这时候，销售人员要注意以下几点：

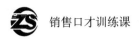
（1）认真填写单据，包括药品名称、药品数量、药品单价、药品总额、购药日期、销售人员姓名，应保证填写内容准确无误；

（2）要明确告知客户结账流程，节约客户的付款时间；

（3）与客户核对药品信息，特别是要确认药品数量与金额；

（4）提醒客户按时服药并注意服药期间的禁忌。

**一流金口才**

销售人员："您一共买了×盒××牌的××药，×盒××牌的××药，一共××元。请您拿好单据，到门口的收银台付款，结账后到这里来拿药就可以了。"

 **攻心策略**

销售人员要采用边写边念的形式与客户核对药品相关信息，特别是要核对药品数量和总金额，同时销售人员要明确告知客户收银台的具体位置，方便客户结账。

 再次提醒客户服用方法及禁忌，展现销售人员的贴心

## 实 战 片 段

一位客户付完款后，担心服用药品的时候出现效果不好或者不良反应，向销售人员问道："这个药每天吃几次？药品服用期间有什么饮食禁忌吗？"

**雷区1**："这是您这次购买的药品，感谢您的信任和支持。"

【点拨】这种方式没有提醒客户药品服用方法和服用禁忌，容易导致客户错误服用，引起不必要的麻烦。

**雷区2**："这个药好像是一次服用×片，您回家看看说明书就可以了。"

【点拨】销售人员为客户说明服用方法，用词要简明扼要，还要准确无误，不能模棱两可。

**雷区3**："这种药品不要含服，不要空腹服用，也不能在睡觉之前服用。"

【点拨】这种表达方式显得不够简洁，要简明扼要地告诉客户正确的服用方式。

客户结账以后，销售人员要通过温馨、简洁的语言，再次提示客户按时服药和服药期间的饮食禁忌，这样才能使客户产生深刻的印象，也能够使客户体会到服务的细致和贴心。

这时候，销售人员要注意以下几点：

（1）要结合说明书，使用简明扼要的语言提醒客户药品服用的注意事项；

（2）客户离开前，要再次告知客户服药期间的饮食禁忌以及不能与哪些药品同时服用。

**一流金口才1**

销售人员："这是一款××药，一天需要服用四次，请您按照说明书服

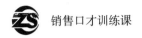 

用，切勿空腹服用。一个疗程之后，您的症状会有明显改善。"

### ▍▍▍攻心策略

用简洁的语言提醒客户药品服用方法，明确告知客户药品的服用禁忌。

#### 一流金口才 2

销售人员："您服用这款药的时候一定要注意两点。第一，不要与其他药品同时服用，时间间隔要大于×小时，这样可以有效避免药物成分互相影响；第二，药品要×服，不要以×××方式服用。"

### ▍▍▍攻心策略

销售人员明确告知客户药品的搭配问题，这样可以有效避免药品效果不佳的问题，也能够体现出药店服务的周到、细致。

#### 一流金口才 3

销售人员："这款药品最主要的成分是××，因此，请您务必×服，切忌×服。"

### ▍▍▍攻心策略

正确的服用方式能够有效保证药品功效的发挥，销售人员务必要提示客户按照药品说明书服药。

 ## 从维护客户利益角度出发，使其自愿留下联系方式

一位客户付完款将要离开药店的时候，销售人员想要完善药店的客源信息，但不知道应该采用什么方法留下客户的联系方式。

**雷区1：**"您肯定接到过不少骚扰电话吧？您放心，我们不会没有缘由给您打电话的。"

**【点拨】**这种言辞直接把留下电话号码和负面影响联系起来了，更易使客户产生消极认识，从而不愿留下联系方式。

**雷区2：**"您尽管放心，我们不会泄露您的个人信息的。"

**【点拨】**这种说法缺乏足够的说服力，无法打动客户。

**雷区3：**"这是我们药店的宣传手册，您如果有需求，可以打电话联系我们。"

**【点拨】**这是一种不够主动的做法，不能要求客户主动联系药店。

销售人员在预留客户联系方式的时候，要从维护客户利益的角度，使客户主动、自愿地留下电话号码。这样既有助于维护客户的利益，如反馈药品效果、传达信息，也有助于维护药店的长远利益，如储备客户资源、分析购药群体、进行数据库营销、建立服务平台、营造店面文化，还有利于销售人员不断提高服务水平，如提供个性化服务、稳定客户资源、依据评价改善服务等。

这时候，销售人员要注意以下几点：

（1）在赢得客户信任的基础上，要以客户认同为前提，用灵活的方法取得客户的联系方式；

（2）以提升服务水平为目标，用既得利益和长远利益吸引客户；

（3）维护客户利益，使客户能够通过手机及时收到本店的优惠活动等信息。

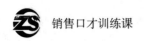 

## 销冠特训营

### 一流金口才 1

销售人员："我们药店经常会举办'买赠'活动等，您方便的话可以留个电话号码，这样您可以及时接收我们店里的优惠活动信息。"

**▌▌▌攻心策略**

要站在客户的立场上，本着维护客户利益的原则，以药店里的优惠活动吸引客户主动留下电话号码。

### 一流金口才 2

销售人员："根据您的症状，这款药品需要服用×个疗程。为了我们及时了解您的治疗情况，希望您留下您的联系方式，这样我们会定期与您联系，实时地了解您服药后的效果，这也是我们店针对老客户专门推出的个性化服务。"

**▌▌▌攻心策略**

针对服药疗程较长的老客户，销售人员应该巧妙地以追踪病况作为理由，使客户主动留下电话号码。

### 一流金口才 3

销售人员："请您留步。为了进一步提高我们的服务水平，咱们店里正在推出'扫微信，说想法'的活动。如果您对我们店有什么好的建议和意见，您可以通过公众号平台与我们交流、沟通。您用微信扫描二维码后留下电话号码，还能获赠一份小礼品呢。"

**▌▌▌攻心策略**

向客户讲明提意见的意义，再通过赠送礼品的方式，吸引客户主动留下电话号码。

**站在客户的立场上，提高宣传资料的利用率**

为了使更多的人了解店内信息，更好地宣传产品，在一位客户结账以后，销售人员拿着宣传资料走了过来，想把它送给客户。

**雷区 1：**"这是咱们店里的宣传资料，您可以看一下。"

**【点拨】**这种说法过于笼统，不能打动客户。客户即使接收了宣传资料，也可能不会认真看。

**雷区 2：**"虽然您经常过来购买药品，但是对于一些药品您可能还不够熟悉，这是咱们店里的宣传资料，您可以抽时间了解一下。"

**【点拨】**这种说法难以吸引客户注意力。

**雷区 3：**"请您留下您的电子邮箱，我们可以把店内宣传资料的电子版发送到您的邮箱。"

**【点拨】**这种说法没有讲明客户的利益关注点，难以打动客户。

派送客户宣传资料，看似是一件非常简单的事情，实际上则不然。要把店内宣传资料成功地派送给客户，就要站在客户的立场上，以维护客户的利益作为出发点，强调关系到客户切身利益的关键点，使客户乐意接收宣传资料。

这时候，销售人员要注意以下两点：

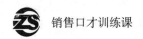 

（1）以客户的行为习惯为基础，采用科学的宣传策略；

（2）用简明扼要的语言表明宣传资料的优势，吸引客户注意力。

**一流金口才1**

销售人员："这是咱们店里最新的促销资料，里面有一张×元折扣券，请您一定要保存好。"

**攻心策略**

用优惠券激发客户兴趣，既简单又有效。

**一流金口才2**

销售人员："这是我们这期的健康知识小册子，里面有很多健康生活的小常识，希望能够帮到您。另外，这是我们店的二维码，您扫描一下二维码，就能够在网上购买我们的产品了，很方便，您可以抽时间体验一下。"

**攻心策略**

重点强调健康知识小册子对客户的实际价值，激发客户兴趣；通过扫描二维码，使客户知晓药店的线上购物平台，扩大线上客户群体。

**一流金口才3**

销售人员："这是咱们店里的健康'百科全书'，里面收录了本店各种药品和保健品的品牌介绍、服用方法和禁忌，非常实用。您可以拿一本回去，如果有什么疑问，希望它能够帮您答疑解惑。"

**攻心策略**

把药品、保健品手册比喻成"百科全书"，既贴切、生动，又能激发客户的兴趣。

**赢得一个客户的信赖，就可能赢得其亲友的信赖**

　　一位客户完成购买将要离开保健品店，为了使其下次有需求的时候再次光临本店，销售人员准备采用一些方法，优化服务细节，争取把客户纳入稳定客源。

　　**雷区1**："您购买了一个疗程的保健品，只能服用一个星期，您一个星期后什么时候再过来呢？"

　　【点拨】这种说法的目的性过于明显，而且有强迫客户再来的色彩，客户会产生反感心理。

　　**雷区2**："建议您可以用一下这款产品的试用品，如果效果比较理想，您下次再来购买。"

　　【点拨】这种说辞显得铺垫不足，客户可能会想："难道我只能用试用品吗？"

　　销售人员应该知道，客户一般都有亲朋好友，假如能够成功赢得一个客户的信赖，那么就有可能赢得其众多亲朋好友的信赖。

　　当销售人员力邀客户下次光临的时候，一定要站在客户的立场上，以维护客户的利益作为根本出发点，以专业服务赢得客户信赖。

　　这时候，销售人员要注意以下几点：

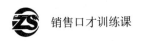 

（1）使客户体验到购物的愉悦和舒适，例如，服务态度热情诚恳，产品介绍及时、准确，为客户着想，关注细节，等等；

（2）抓住客户特点，为其提供具有个性化的服务。

**一流金口才1**

销售人员："您服用这款口服液的时候，要××时间服用一次，既不要间隔时间太长也不要服用过勤。您工作很忙，可不要忘记了啊。此外，这次是第一个疗程的，×个月后您再过来选购第二个疗程的。"

**攻心策略**

温馨提示客户保健品的服用方法，使客户体会到服务的细致与周到；巧妙运用保健品的服用周期，诚心邀请客户再次光临。

**一流金口才2**

销售人员："您这次在我们店里一次性购买了××元的保健品，我们将免费赠送您一张××体检中心体检体验券，凭借体验券您可以去免费体检。您什么时候有时间？我可以提前帮您预约，这样可以节省您宝贵的时间。"

**攻心策略**

向客户介绍赠送体验券的原因，使客户感到被尊重，并说明体验券为客户带来的好处。

**一流金口才3**

销售人员："您今天在我们店里一次性购买了××元的保健品，赠送您一张××元代金券，您下次选购产品时可以直接使用。"

**攻心策略**

通过赠送代金券的方式，巧妙地邀请客户下次光临。

**定期对重要客户进行电话回访**

当一位客户选购药品后，销售人员准备预留客户联系方式，定期对其进行电话回访。

**雷区1：**"您一个星期前在我们店购买了一款药品，我打这个电话是想了解一下这款药品的疗效如何。"

**【点拨】**没有自我介绍环节，客户肯定是一头雾水，这就使得电话回访工作难以顺利进行。

**雷区2：**"您好，您能够听清楚我说的话吗？我是××药店的××，您听得到吗？"

**【点拨】**这种表达方式显得过于啰唆，电话回访时要注意提高效率，不要一直重复一句话。

**雷区3：** "您好，半个月前您在我们药店买了一款治疗××的药品……"

**【点拨】**这种说法欠妥，销售人员在电话回访的时候要避免直言客户的隐私，否则会让客户感到尴尬，产生不悦感。

定期进行电话回访，不但可以维护客户关系，而且能够及时得到客户的反馈信息，也是提升服务品质的重要举措。销售人员要严格按照回

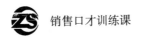 

访步骤，定期进行电话回访，并保证电话回访的有效性。

这时候，销售人员要注意以下几点。

（1）依据回访标准：要求客户反馈用药感受，提醒特殊事项，传递服务理念，给客户愉快的感受，提前做好电话回访的准备工作。

（2）准备电话回访工具：话术模板、客户基本信息、纸笔工具，依据流程回访（自我介绍—简言用意—反馈问题—特殊提醒—结束语），保证电话回访的有效性。

（3）切实牢记电话回访的注意事项：在客户方便时进行，避免啰唆，做好回访登记，保持微笑，声音清晰，避免回访过程被其他事件打乱。

切实做好电话回访，能够提升服务水平，进一步拉近与客户的关系，还可以树立良好的品牌形象。另外，高效的电话回访工作也是拉动产品销售量的重要手段。

### 一流金口才 1

销售人员：“您好，您现在有时间吗？我是××药店的××，您半个月前在我们药店购买了一款××的药品，现在我们药店想就您服用药品后的效果做一个回访。您在服用过程中有什么问题吗？效果如何？”

**攻心策略**

开门见山，向客户表明身份，用简洁的语言告知客户电话回访的目的。

### 一流金口才 2

销售人员：“您好，我是××药店的××。您10天前在我们店里买了一款××的药品，今天您刚好服用完第一个疗程，我们给您打个电话，问一问您服用后的效果怎样。”

**||||| 攻心策略**

在进行电话回访的时候，语气要平和，用随和的语言与客户沟通，有利于取得客户的认可和配合，提高电话回访的有效性。

**一流金口才 3**

销售人员："您好，我是××药店的××。我给您打这个电话是有个好消息要通知您，我们店里从本月××日开始有一个大型促销活动，您是我们的老客户了，因此，我打电话把这个好消息告诉您。欢迎您到时参加，祝您生活愉快！"

**||||| 攻心策略**

通过电话回访，告知客户店内的促销活动，使客户得到实实在在的优惠，而且能够提升服务水平，有利于树立店铺的良好形象。

# 制订科学的走访计划，扩大目标市场

为了提升药店服务水平，销售人员依据客户的联系方式来到了客户的家中，进行实地走访。

**雷区 1**："您好，您最近的气色真是好多了，我真为您感到高兴。您除了吃药，还参加了哪些体育锻炼呢？"

**【点拨】**这种言辞脱离主题，缺乏目的性，浪费了时间，难以达到预定的走访效果。

**雷区2**："您难道不记得我了吗？我是××药店的××啊，您好好想想，记起来了吗？"

【点拨】这种重复性的发问会将客户置于一种尴尬境地，同时也会使客户产生厌烦感。

**雷区3**："您就是××吧？您一个星期前在我们店里购买了一款治疗××的药品，我这次过来就是想了解一下这款药品的效果如何。"

【点拨】不要直接称呼客户姓名，这样会人为地拉远与客户的距离，也显得不够礼貌。

实地走访能够实现销售人员和客户之间的面对面交流，能够拉近销售人员和客户的关系，并能够为客户当面答疑解惑，从而提高服务质量，树立药店的良好形象。

这时候，销售人员要注意以下几点。

（1）要提前预约，在征得客户同意后再根据实际情况确定回访时间。

（2）按照回访流程，不断提高服务质量。回访流程一般分为主动寒暄、表明身份、反馈信息、结束语。

一流金口才1

销售人员："您好，我是××药房的××，您×××的症状好些了吗？我们的数据信息显示，您的第一个疗程的药品很快就要用完了。我明天想去您家里了解一下您的服用效果，再根据实际情况为您配药，可以吗？您明天有时间吗？"

**攻心策略**

通过电话预约，取得客户的同意和信任，再和客户商量好走访时间。

### 一流金口才 2

销售人员："您好，我是上个星期同您预约的××药房的××，我这次过来是想看一下您和宝宝的健康情况。"

 **攻心策略**

通过实地走访，了解孕妇及宝宝的健康状况，可以赢得客户的信任，提升服务品质。

### 一流金口才 3

销售人员："您要注意合理安排时间，保证充足睡眠。与您聊天非常高兴，回到药店之后，我会及时把您的具体情况录入客户系统，您以后有什么问题可以随时打电话给我，这是我的名片。"

 **攻心策略**

销售人员留下自己的联系方式，可以充分显示其坦诚的服务态度，有利于赢得客户的信任。

# 充分利用药历的作用，为客户提供精准化服务

一位客户来到药店选购药品，销售人员上前询问道："您有药历吗？"

雷区 1："您的药历上内容很多，您稍等，我查看一下。"

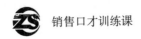
【点拨】这种做法没有发挥出药历应有的作用，也没有带给客户便利。

雷区2："您带药历了吗？我得看看药历才能为您推荐药品呀。"

【点拨】这种说法不妥当，销售人员过于依赖药历，反而会造成客户流失。销售人员应该先询问客户的需求，再为客户提供合理化的用药建议。

药历适用于有住院史的客户、长期用药者、慢性病患者。销售人员询问客户的药历情况，目的是有效节省客户时间，为客户推荐更具针对性的药品，从而更好地为客户服务。

这时候，销售人员要注意以下几点：

（1）充分运用药历掌握客户的用药记录，了解客户的用药习惯，促进客户合理用药，提高用药的安全性；

（2）及时登记客户购买药品的信息。

### 一流金口才1

销售人员："您好，根据您的症状，您需要选购××类的药品。这类药品要依据药历，您带药历了吗？结合药历我能够为您推荐适合的药品。"

**攻心策略**

充分利用药历，可以省去询问客户症状的麻烦，还能够使药品推荐更具科学性。

### 一流金口才2

销售人员："您好，我刚刚看了您的药历。您的既往病史显示，您患

××病已经×年时间了，而且您是过敏体质，因此，我建议您选购这款药品。这款药品中不含××成分，不会引起过敏。"

**攻心策略**

销售人员以药历为依据，为客户推荐更具针对性的药品，使客户切身体会到药历带来的好处与便利。

**一流金口才3**

销售人员："您好，我们已经为您建立了电子药历档案，您下次再来选购药品的时候，只要说出姓名或电话，我们就能够在系统中查询到您在我们店里购买药品的情况，这可以为您节省不少时间。"

**攻心策略**

对于药店的老客户，药店要为其建立电子药历档案，并且向客户讲明建立药历档案的好处，取得客户的支持。

# 第九章

# 巧妙处理投诉，
# 进一步提升门店形象

被客户投诉是一件非常棘手的事情，必须引起足够的重视。如果处理不当，不但会影响门店的产品销售，而且会损害到门店长期以来树立的良好形象。反之，如果处理得当，不但能避免不良后果，还能进一步提升门店形象。

**客户抱怨产品款式少，实际是没找到合适的产品**

一位客户走进保健品店，销售人员热情地上前提供帮助，客户却对销售人员讲："你们店里的保健品种类太单一了，我选了半天也没有看到合适的。"

**雷区1**："光临我们店的客户络绎不绝，这说明我们的产品深受客户好评。"

【点拨】对保健品一味地称赞，没有说出产品种类不多的具体情况，不仅得不到客户的认可，而且会使客户更加反感。

**雷区2**："虽然数量不多，但是也能满足您的购买需求。"

【点拨】这样的说法和态度也许会令客户难以接受。

**雷区3**："不可能吧，别的客户从来没有反映过这种情况。"

【点拨】这种说法缺乏合理性，有质疑客户之嫌。

当客户觉得保健品品类比较单一的时候，一方面说明客户有购买意向，另一方面说明客户可能并没有找到满意的保健品。

这时候，销售人员要注意以下几点：

（1）应当告知客户本店保健品的特点，使其了解优势所在；

（2）对保健品的种类和功效进行细致划分，满足客户的购买需求；

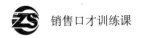 

（3）从本店文化入手，向客户说明本店在保健品方面的专业优势。

### 一流金口才1

销售人员："您说得很对，我们店里的保健品确实数量不多，这是由于保健品具有很强的时效性。各个连锁店的产品数量都是有限的，可以有效防止产品积压导致过量库存，有效保证产品的保质期，使客户购买到放心产品。"

#### ▌▌▌▌攻心策略

向客户解释清楚数量不多的具体原因。可以从时效性的角度入手，弱化客户对产品的过分关注，打消客户疑虑，使客户更容易接受。

### 一流金口才2

销售人员："您观察得很仔细，也很全面，确实是这种情况，我们店里的产品都是针对有××症状的客户的，所以您觉得产品单一。产品不在于数量的多少，而在于品质保证，而且我们客源稳定，光临我们店的大多是老客户。"

#### ▌▌▌▌攻心策略

从目标市场精准化的角度向客户解释店里保健品数量不多的具体原因，通过良好的口碑提高客户的信任度。

 **正确对待客户的不良情绪，解释门店少的原因**

客户对销售人员抱怨道："你们的门店太少了，每次购买都

要走很远的路，真是费时费力。"

**雷区1：**"就当多做做运动，好打发无聊的时间。"

**【点拨】** 这种说法欠妥，有暗讽客户之嫌。

**雷区2：**"我们公司也是刚成立不久，门店不多也能理解。"

**【点拨】** 这样的说法欠妥，这会让客户产生更多的怀疑。

**雷区3：**"现在是网购时代，我们以网上售卖为主，您可以选择网购，省时省力，多好啊。"

**【点拨】** 这种言辞表面看起来是为客户着想，实际上并不是所有的客户都愿意选择网购的方式。

当客户埋怨门店数量太少时，说明这给客户带来了不便，如购买不方便、退换货不方便、了解新品信息不方便等，客户情绪不佳是迫切希望反馈的意见能得到充分重视。

这时候，销售人员要注意以下几点：

（1）要正确对待客户的不良情绪，并给予积极抚慰；

（2）要对门店的定位加以说明，讲明门店不多的真正原因，如以网络销售为主、刚刚进入市场等；

（3）要重视客户反馈的情况，并把相关信息做合理分类，为后续工作做好准备。

## 销冠特训营

### 一流金口才 1

销售人员：“现在这边的网点是不多，给您带来了不便，我们深感抱歉。本公司也在加大投资力度，扩大经营范围，预计在今年年底就能实现本地区的全覆盖。感谢您提出的宝贵意见，赠送您一份小礼品，希望您以后能继续为我们提出更多更好的建议。”

#### ▌▌▌▌ 攻心策略

通过告知客户实情，表明现阶段门店不多的具体原因，并通过后期公司的发展规划安抚客户，通过赠送客户礼品与真诚的态度获得客户的理解与信任。

### 一流金口才 2

销售人员：“女士，您说得很有道理。我们经营多年了，现在我们主要以电话和网上销售为主，所以在本地区开设的门店比较少，不过您以后有需求可随时与我们联系，这是我们的名片。”

#### ▌▌▌▌ 攻心策略

这样的表述简单明了，一方面向客户解释了门店不多的原因，另一方面强调了门店的服务优势，并主动与客户建立联系。

### 一流金口才 3

销售人员：“我明白您所说的情况，我们的门店之所以不多，是因为我们在做市场调查，目前开的这几家店只是试营业，后续我们的市场调查结果出来后，会视情况开设更多门店，到时还请您多多支持。”

#### ▌▌▌▌ 攻心策略

合理告知客户目前门店及公司的动向，让客户有心理预期。

说明降价的具体原因，重新赢得客户的理解和信任

　　一位客户带着刚买的保健品气冲冲地来到店里，把保健品扔到了桌子上，说道："我刚买了这款保健品，它就降价了，你们说应该怎么办？"

**雷区1**："那您想怎样解决这个问题？"

　　**【点拨】**这样说缺乏专业性，销售人员不应质问客户，而是应想办法解决问题。

　　**雷区2**："对不起，降价活动不是我个人说了算的，是领导安排的。"

　　**【点拨】**这是一种不负责的说法，不仅会给店里带来负面影响，也会使领导失去信誉。

　　**雷区3**："您也不必往心里去，很多客户的购买价格比您的更高。"

　　**【点拨】**这样的说法不妥当，客户是在维护自身的权益，他们最关心自己为何没有享受到优惠价格。此外，销售人员告知客户产品的价格漂浮不定，会导致客户对门店失去信任。

　　面对客户因为刚买的产品突然降价，没能享受到降价优惠而感到不满的情况，销售人员应安抚客户情绪，告知客户降价的具体原因，并找出合理的解决方案，重新获得客户的理解和信任。

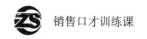 

这时候，销售人员要注意以下几点：

（1）要安抚客户情绪；

（2）给予客户合理解释，例如，同品牌不同功效、同功效不同品牌、会员价购买非降价等；

（3）要正确处理客户的异议，如为客户办理会员卡或退款。

**一流金口才1**

销售人员："对您的做法我表示理解，刚买的产品突然降价，不论是谁，心理上都会感到不平衡。请您不要着急，听我给您详细解释一下降价的具体原因吧。"

**攻心策略**

销售人员应当站在客户立场上，对客户的不满感同身受，维护客户的权益，并向客户详细说明保健品降价的真正原因。

**一流金口才2**

销售人员："不瞒您说，您所购买的保健品与我们店里的促销款不是同一款，虽然功效相似，但生产厂家不同，这次活动是由其他厂家与我们店联合举办的。如果您想购买这款打折产品，我可以在现有折扣的基础上再给予您××折的优惠，您觉得可以吗？"

**攻心策略**

要明确告知客户降价的保健品与客户购买的并不是同一款产品，让客户消除心理上的不平衡，同时为解决客户异议提出合理化方案。

**一流金口才3**

销售人员："请您听我说，这款保健品的优惠活动是专门针对我们这里的会员的，只有会员才可以享受此类保健品的优惠。您如果方便的话，我也可以免费帮您办理会员卡，这样您再购买产品时就可以享受同等优惠。您看可以吗?"

 **攻心策略**

销售人员应当为客户详细解释保健品"降价事宜"的来龙去脉，通过为客户免费办理会员卡赢得客户的理解。

## 重视客户反馈的所有情况，降低投诉的负面影响

一位客户带着促销活动宣传单质问销售人员说道:"你们给我发宣传单时说过要举行一场促销活动，可现在这么长时间过去了，也没有举行，这也太没有信誉了。"

### 话术避雷区

**雷区1:**"您没听说吗? 这次的活动早取消了。"

**【点拨】**这样的说法有质疑客户的意思，没有让客户了解事情的具体原因，缺乏说服力。

**雷区2:** "不好意思，我们这次活动的时间有变动，具体时间是在×月×日。"

**【点拨】**这样的说法过于草率，没有说明活动时间变动的具体原因，直接告知结果会使客户难以接受。

**雷区3:**"我以药店的信誉保证，我们这次的活动确实已如期举办完毕，奖品已被领完了。"

**【点拨】**无论什么情况，都应站在客户的角度考虑，安抚客户的不满

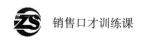

情绪，不能让客户产生失落感。

当客户质疑促销活动没有举办时，表明客户很在意这次活动能带给自己的切身利益。作为销售人员，应当告知客户活动是否已经举行完毕或者还未举行的原因，以降低客户投诉带来的不良影响。

这时候，销售人员要注意以下几点：

（1）要了解事情的来龙去脉，确认客户的投诉信息是否准确；

（2）要让客户明白事情的真实情况。

### 一流金口才1

销售人员："现在的情况是这样的，因为这次举办的活动特别受大家欢迎，报名的客户也很多，可我们的场地有限，所以我们将这次的活动移到了另一个场地，时间也延后了。请您放心。现在离活动举办时间还有几天，我们还没有及时发出相关信息。为此还让您专门跑一趟真是抱歉，为表我的歉意，我特意为您准备了一份活动举办的时间表和详细流程资料，请您看看。"

**▌▌▌攻心策略**

明确告知客户这次活动没有按时举办的具体原因，并告知客户活动举办的时间、地点及详细流程，从而获得客户谅解。

### 一流金口才2

销售人员："您请看一下，我们的宣传单上已写明我们这次活动的具体时间，是下个月的××日，并不是这个月，您是不是记错了？不过请您放心，我这里已留存了您的个人信息，活动开始前，我一定第一时间通知您。"

**攻心策略**

即便是客户记错了时间，销售人员也要把握分寸，温馨地给予提醒，使客户产生信任。

一流金口才3

销售人员："非常抱歉，我们店准备举办的这次活动正好赶上店庆，店内业务繁忙，人手不够，活动只能取消了。不过这次活动包含的免费体检，我们会在近期做出相关安排。在活动开始前我第一时间通知您，您看可以吗？"

**攻心策略**

让客户明白这次活动取消的具体原因，并采取相关的补救措施，告知客户还有机会参与活动，安抚客户的情绪。

## 对于不良反应的投诉，提出合理的解决方案

客户带着已经打开包装的保健品来到店里找到销售人员，不满地说道："我服用了在你们这儿买的保健品后身体不适，我要投诉你们。"

**雷区1**："请问您在服用这款保健品期间有没有同时服用其他产品？"

**【点拨】**销售人员不应对客户做出质疑和猜忌，而是应帮客户寻找不适症状产生的原因。

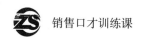
雷区2："您的不适症状是您自身的体质问题引起的，跟服用这款保健品没有太大的关系。"

【点拨】这种说法有逃避责任之嫌。销售人员在没有做具体的了解之前就断定客户的不适症状与保健品无关，会让客户觉得销售人员是在推脱责任。

雷区3："您没有仔细看说明书吗？不能过量服用保健品。"

【点拨】这样的说法欠妥，有质疑客户之嫌。即便客户服用过量，销售人员也应注意说话方式，做出合理指导，告知客户正确的服用方法。

客户服用保健品后产生不良症状，可能是由多方面的因素造成的，有可能是客户自身体质的原因，也有可能是客户使用方法不当的原因……销售人员应根据客户的实际情况做出正确判断，做出合理解释。

这时候，销售人员要注意以下几点：

（1）应倾听客户描述的症状，并对这一现象做出相关判断；

（2）应了解客户服用方法是否得当；

（3）应正确面对客户的投诉，主动提出合理的解决方案。

### 一流金口才1

销售人员："您一定要注意，它不能与××药同时服用，否则会出现一些不适症状，说明书上也做出了详细说明，请您仔细查阅。建议您在服用××药时，暂时停用这款产品，等您的病情好转后，再开始服用。"

#### ▏▏▏▏攻心策略

客户在听完销售人员的介绍后，一般很少再去阅读保健品说明书。这时，作为销售人员也要从专业的角度出发，提醒客户查阅说明书并注意保健品的服用方法，同时也要告知客户在服用保健品时有哪些方面的禁忌。

**一流金口才2**

销售人员："请您冷静，在服用这款保健品的过程中出现您所描述的症状属于正常现象，之前的客户也反映过跟您类似的问题。出现这样的不适症状之后，再过一个星期左右，不良情况会渐渐消退，身体会逐渐好转。"

 **攻心策略**

从实际出发，告知客户这些不良症状属于正常现象，打消客户的质疑，让客户以平常心对待这些不适反应，等待这些不适症状自然消退。

## 按照公司的制度流程，处理仪器故障的投诉

 实 战 片 段

客户带着刚买的保健仪器来到药店，焦急地跟销售人员说道："还没用就坏了，买的时候你们说得好着呢，可是现在出现了问题，怎么没人负责处理了？"

 话 术 避 雷 区

**雷区1**："您这款产品破损太过严重，没必要再修了。"

**【点拨】** 这样的说法有推脱责任之嫌。

**雷区2**："这款仪器已经停产了，没办法修理了。"

**【点拨】** 销售人员应当为客户考虑，尽量提供可行的解决方法。

**雷区3**："实在不好意思，这款仪器的零件已经断货很长时间了，我

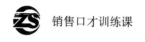

们没办法为您修理。"

【点拨】零件断货不是客户的原因，这种言辞会让客户更加不满。

仪器出现问题却没有相关人员负责处理，这无疑会引发客户的不满情绪和抱怨心理，甚至会遭到客户的投诉。销售人员在解决相关问题时，应在自己的职责范围内竭尽全力帮客户处理，把事情的来龙去脉搞清楚，把客户的损失降到最低。

这时候，销售人员要注意以下几点：

（1）让客户放心，找出出现问题的主要原因，并对自己造成的问题负全部责任；

（2）以诚相待，让客户感受到销售人员在真诚地帮他处理问题；

（3）主动提出合理的解决方案，在得到客户的认可后，使问题得到妥善处理。

销售人员在销售的过程中难免会遇到各种意外情况，当遭遇到投诉的情况时，应按照公司的制度流程做出合理应对。这样不仅能体现出销售人员的专业素养，也能体现出良好的售后服务。

**一流金口才1**

销售人员："您请坐，很抱歉给您带来了不便，您请放心，如果是我们的原因造成的，我们一定会负全部责任。请您先喝杯水，给我说一下具体情况吧。请问您是什么时候发现仪器出现故障的呢？"

**攻心策略**

在沟通过程中，先要了解仪器出现的问题。这不仅有利于查明事实，也能明确责任的归属问题。

### 一流金口才 2

销售人员："您所说的问题我也做了相关了解，我们店里的后台维修人员没有及时回复您，非常抱歉。通过您刚才的表述，您购买的这款仪器所损坏的零件已过了保修期，是不能提供免费维修服务的。我建议由我们联系厂家以出厂价格给您更换一个新零件，您觉得怎么样？"

**攻心策略**

在与客户沟通过程中，根据客户对产品的反映情况做出相关判断，并告知客户真实情况，从而提出相关解决方法，努力做到让客户称心如意。

### 一流金口才 3

销售人员："非常抱歉，这样的情况发生也是我们不想看到的。不过您购买的仪器还在七天包退换期，您可以选择同系列的其他仪器。为了表示我们的歉意，您也可以选择调换更高端的仪器，我们给您免去差价，您觉得这样可以吗？"

**攻心策略**

即便是门店方面出现了问题，如果仪器还在退换期内，作为销售人员也应适当引导客户调换产品，而不是退掉产品。

 ## 安抚客户的情绪，提升门店夜间的服务质量

 **实战片段**

一位客户气冲冲地跑到药店售后服务部说道："你们这儿不是 24 小时营业吗？昨天晚上我来你们这儿购买药品，喊了半天

也没有人出来，太没有信誉了，我要投诉你们。"

**雷区1：** "您先冷静一下，我们肯定对我们的值班人员做出严厉批评。"

【点拨】这种说法有敷衍客户的嫌疑，会使客户更加不满。

**雷区2：** "很抱歉，之所以没有为您提供满意的服务是因为我们的工作人员请假了。"

【点拨】这样的说法欠妥当，很难取得客户的信任。

这种情况并非客户恶意投诉，而是因为客户夜间买药时，药店没有提供相应的服务。这位客户之所以要投诉，是觉得药店不讲诚信，没有尽到应尽的职责和义务。销售人员应当查明原因，并向客户说明详细情况，将对客户的伤害和药店的损失降到最低，妥善处理客户投诉事宜。

这时候，销售人员要注意以下几点：

（1）应想客户所想，提升夜间服务质量；

（2）应向客户表明真实原因，根据实际情况做出合理解释；

（3）应公平公正地处理相关事宜。

**一流金口才1**

销售人员："请您先坐，喝杯水。实在是抱歉，我们药店也是刚刚开业，销售人员还没有安排到位，所以才出现这种情况。对于给您带来的不便，我们深表歉意。"

### ▊▊▊ 攻心策略

销售人员要先安抚客户的情绪，再讲明夜间没能提供客户服务的真正原因，以诚恳的态度取得客户的信任。

### 一流金口才 2

销售人员："给您带来了不便，我们很抱歉。近期店里正在装修，很多设施还没有完善，所以您昨晚按门铃时无人回应。我们会尽快完善店里的设备，杜绝类似的情况再次发生，我们将会为您提供更优质的服务。"

### ▊▊▊ 攻心策略

销售人员要告知客户服务不到位的真正原因，找到合理的解决方案，最大限度地减少客户的不满情绪和对药店信誉的不良影响。

### 一流金口才 3

销售人员："您所说的情况，我们的值班人员已向我做出了解释，我代他向您表示深深的歉意。昨晚，我们的值班人员身体不适，没有听到门铃声。您现在好些了吗？我们的值班人员也很担心您的身体情况，因为没及时为您服务，深感内疚。"

### ▊▊▊ 攻心策略

让客户看到销售人员诚恳的态度，化解客户的投诉念头。

 ## 站在客户的角度，解决非质量问题的退换货要求

一位客户带着保健品来到门店找到销售人员，带着不满的

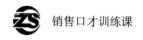 

情绪说道："我要退货，这款产品还在退货期内，请你们尽快退掉。"

**雷区1**："抱歉，包装已经破坏了，按规定在不影响第二次销售的情况下才能退换。"

【点拨】这种说法不妥当，没有给客户留下回旋余地，也没有为下一步的沟通做好铺垫。

**雷区2**："只有出现质量问题我们才能帮您退换产品，其他问题我们是不退换的。"

【点拨】这样的说法会让客户感到不满，觉得销售人员没有责任感，从而对门店信誉产生怀疑。

**雷区3**："在购买过程中，我们已做了详细沟通，如果不是存在质量方面的问题，我们是不退换产品的。您应该还记得吧?"

【点拨】这样的说法实际上是在质疑客户，把客户置于一种尴尬境地，对解决客户问题是不利的。

**雷区4**："产品方面请您放心，用过的客户都反映效果不错，建议您再服用一段时间看看效果。"

【点拨】销售人员应当及时了解问题产生的原因，尽快找到解决方案，不能一味地推卸责任。

客户要求退货，有时并非质量问题造成的，有可能是一时的消费冲动产生了购买欲望，现在又感到后悔了，然后以产品在退货期内的理由要求销售人员帮他退掉产品。

这时候，销售人员要注意以下几点：

（1）判断客户退货的真正原因；

（2）让客户充分了解产品的优点，增加其对产品的信任；

（3）确认产品完好无损时，可以为其进行调换，在违反公司规定的制度时，可采用其他措施来补救。

当客户因为其他因素而并非质量问题要求退换产品时，销售人员也应该站在客户的角度来分析问题，找到合适的解决方案，使客户充分感受到药店的优质服务。

### 一流金口才1

销售人员："请您先坐，喝杯咖啡，我们一起聊聊您的问题，看我是否能帮到您。您觉得是保健品存在质量问题还是其他原因造成了您不满意，如果是产品方面的原因，我们可以为您调换产品。假如您的要求超出了我的职责范围，我会向领导请示，最大限度地满足您的需求。"

**▌▌▌攻心策略**

销售人员要安抚客户情绪，站在客户的立场上思考问题，了解客户要求退产品的原因。让客户了解产品的调换制度，以便更好地处理今后的问题。

### 一流金口才2

销售人员："我已了解您的情况，真是太不好意思了，还特意让您跑一趟。我把您所说的情况已经告知店长了，我们已给您换了全新的。我们再赠送您一份小礼品，还请您继续为我们的工作提供好的建议。"

**▌▌▌攻心策略**

由于特殊情况而造成客户不满的，应该向客户做出合理解释，在征

得客户同意的前提下，尽量用调货代替退货，同时要给予客户适当的安抚和补偿。

### 一流金口才 3

销售人员："真是抱歉，我们之前也没有遇到过类似的问题，在销售的过程中，我们也和您说明了，如果不是质量问题我们是不给予退换的。而且这款产品销量很好，已经售罄，用过的客户都反映效果非常好。"

### 攻心策略

当遇到公司制度明确规定不能予以退货的情况时，销售人员要用真诚的服务去帮助客户解决，并给客户讲明保健品的良好功效和口碑，打消客户退换货的想法。